HENNING UND SOPHIE SUBEBACH

LIEBE SOPHIE!

Die Autoren

Henning Sußebach, geb. 1972, ist Redakteur bei der ZEIT.
Er wurde für seine Artikel und Reportagen mit zahlreichen
Preisen ausgezeichnet, u. a. Henri-Nannen-Preis 2006,
CNN Journalist Award 2007, Egon-Erwin-Kisch-Preis 2007,
Theodor-Wolff-Preis 2009, Deutscher Sozialpreis 2010.

Sophie (eigentlich: Marie) Sußebach, geb. 2000, Tochter des
Journalisten und Autors Henning Sußebach. Nach ihrem Abitur 2018 verbrachte sie ein Freiwilliges Soziales Jahr in Costa
Rica, anschließend begann sie ihre Ausbildung zur Medien-
gestalterin Bild & Ton.

HENNING UND SOPHIE SUßEBACH

LIEBE SOPHIE!

BRIEF AN MEINE TOCHTER

FREIBURG · BASEL · WIEN

Erweiterte Neuausgabe

© Verlag Herder GmbH, Freiburg im Breisgau 2020
Alle Rechte vorbehalten
www.herder.de

Ausgangspunkt für dieses Buch war ein Artikel von Henning
Sußebach in der ZEIT vom 26. Mai 2011.
Der Name der Tochter wurde damals vom Vater geändert, um
sie vor der Aufmerksamkeit der Öffentlichkeit zu bewahren.

Satz: mittelstadt 21, Vogtsburg-Burkheim
Herstellung: GGP Media GmbH, Pößneck

Printed in Germany

ISBN Print: 978-3-451-03222-6
ISBN E-Book: 978-3-451-81969-8

Inhalt

Liebe Sophie,

ein Brief vom eigenen Vater? Was kann so groß sein, dass es nicht auf einen dieser kleinen Zettel passt, auf denen wir uns manchmal Nachrichten hinterlassen: „Paulina zurückrufen" oder „Oma gratulieren"? Was ist so wichtig, dass wir es nicht beiläufig beim Frühstück besprechen, so wie Hausaufgaben, Essenswünsche oder Urlaubsideen?

Bestimmt klingt es komisch, Sophie: Aber es gibt nicht *den einen einzigen, einfachen* Anlass, Dir diesen Brief zu schreiben. Keinen Großmuttergeburtstag also und keine Rückrufbitte. Es sind viele kleine Dinge, auf den ersten Blick Alltäglichkeiten Deines Lebens, über die ich schreibend nachdenken möchte und die ich auf diese Weise ordnen will. Zu einem Mosaik aus Momenten Deiner Kindheit, die jetzt, mit der aufkommenden Pubertät, langsam zu Ende geht. Zu einem Standbild einer ganz normalen Zwölfjährigen, einer von Hunderttausenden in Deutschland.

Was für ein Mosaik sich da wohl ergibt? Jetzt, da die Hälfte Deiner Kindheit, die Hälfte Deiner Zeit bei uns, vermutlich schon vorbei ist, die Mehrzahl der Gute-Nacht-

Geschichten, der Familienurlaube, der Geburtstagsfeiern. Was für ein Bild wird da bleiben?

Diese Frage beschäftigt mich seit ungefähr zwei Jahren. Damals hob ich den ersten Mosaikstein auf, eine dieser scheinbaren Alltäglichkeiten. Du wirst Dich nicht daran erinnern: Es war ein ganz normaler Mittwoch. Du warst gerade in die fünfte Klasse unseres örtlichen Gymnasiums gekommen, hattest sieben Stunden Unterricht pro Tag und saßest häufig bis zum Abend über Hausaufgaben, als ich Dich fragte, ob *ich* mal schwänzen soll, den Kollegen im Büro erzählen, ich würde zu Hause arbeiten – um in Wahrheit mit Dir schwimmen zu gehen.

Da hast Du mir geantwortet: „Ich habe keine Zeit. Ich kann nur an Wochenenden."

Ist das nicht verrückt? Ein Erwachsener fragt wie ein Kind und das Kind antwortet wie ein Erwachsener. Da hat doch irgendwer die Welt verdreht! Nur wer?

Du merkst es vielleicht schon: Mein Brief an Dich ist eine verzwickte Angelegenheit. Ich schreibe ihn nicht ohne Hemmungen, weil ich ahne, wie leicht ein Kind ihn missverstehen kann, wie schnell Du denken könntest, ich sei enttäuscht von „Ich kann nur an Wochenenden"-

Antworten. Ich schreibe ihn im Zwiespalt, weil ich weiß, dass aus meinem Brief an Dich ein Buch werden wird, das viele Menschen lesen werden. Ein Buch aber, das immer ein Brief an Dich bleibt. Eine Botschaft, die Dich nicht verängstigen oder verwirren, sondern ermutigen soll – zum Beispiel dazu, auch mal mitten in der Woche schwimmen zu gehen!

Du wirst meinen Brief genau lesen müssen, damit Du alles verstehst. Wenn Du ihn jetzt noch nicht lesen magst, weil er Dir zu vertrackt erscheint oder nicht geheuer, leg ihn weg. Und hol ihn in zwei oder drei Jahren wieder hervor. Dass Du ihn noch als Kind liest und verstehst, ist wichtig: Denn es geht um Dein Leben und um das, was wir Erwachsenen daraus machen.

Ich werde Dir von Babys berichten, die schon im Bauch ihrer Mütter mit dem Lernen anfangen müssen. Von Jugendlichen, die länger arbeiten als ihre Eltern. Von Lehrern, die aus jedem kleinen Schaffen oder Scheitern von Euch Kindern gleich auf Eure ganze Zukunft schließen. Von Schülern, die krank werden vom andauernden Üben. Von einem Arzt, der nicht mehr weiß, was er dagegen tun soll. Von Fußballtrainern, die Vorschulkinder anbrüllen, wenn die einen Fehler machen. Von Bildungsexperten, die vor pausenlosem Pauken warnen. Und von Eltern, die ihre

Kinder trotzdem nicht in Ruhe lassen. Ich werde mit Dir über vieles staunen, über manches lachen und auch mal zornig werden – weil ich wütend bin auf mich und auf ein Land, das Euch zu Strebern machen will.

Deshalb habe ich meinen Brief auch nicht auf Deinen Platz gelegt, Sophie, dort am Küchentisch, an dem wir morgens Einkaufszettel schreiben und an dem Du in der fünften Klasse abends über Grammatik-Arbeitsblättern saßest:

Kreuze die richtigen Aussagen an! Der Genus ist das grammatische Geschlecht eines Nomens / Nomen können im Singular und im Plural auftreten. Dies nennt man den Kasus des Nomens / Der Numerus ist der Fall, in dem ein Nomen steht / Man kann Präpositionen steigern / Der bestimmte Artikel gibt im Nominativ Singular das grammatische Geschlecht eines Nomens an / Der Imperativ gehört zu den finiten Verbformen / Präsens wird benutzt, wenn man über etwas sagen kann: Es war gestern so, ist heute so und wird auch morgen so sein / Das Partizip I gehört zu den infiniten Verbformen / Verben kann man deklinieren.

Wenn ich von meiner Arbeit nach Hause kam, habe ich oft so getan, als müsste auch ich noch was erledigen, habe Rechnungen abgeheftet, Mails geschrieben und Zeugs sortiert, während Du Gitarre geübt, Vokabeln gelernt oder gerechnet hast:

Wie viel ist 17^2? Wie viel 5^6? Wie viel 2^8?

Ich habe Geschäftigkeit simuliert oder Dir geholfen, bis es saß:

$2^7 = 128, 18^2 = 324, 5^6 = 15625$

Ich wollte Deinen Fleiß nicht mit meiner Faulheit bremsen. Und ich wollte nicht freihaben, solange Du noch arbeitest.

Ich hielt das für klug, aber vielleicht war es dumm. Vielleicht hätte ich sagen sollen: „Nach 18 Uhr darf ein Kind bei uns zu Hause nicht mehr büffeln!"

Doch dazu fehlt mir der Mut. Manchmal noch heute.

Ich weiß: Dieser Brief kommt für Dich so überraschend wie ein Hund, der plötzlich durch die Hecke springt. Darf ich ein Kind wie Dich so überfallen? Könnte es sogar sein, dass ich Gutes schlechtmache? All den Schulunterricht, die Schwimmstunden, die Ballettkurse — all die Aufmerksamkeit und Zuwendung also, die viele Kinder in Deutschland heute erhalten?

Ich habe mich selbst befragt und Menschen, die mehr Ahnung haben. Ich habe (heimlich, ich geb's zu …) in Deinen Schulbüchern gelesen, habe Wissenschaftler interviewt, habe mit Lehrern gesprochen und mich in Studien vergraben, habe eine Kinderbuchautorin getroffen, einen Pfarrer befragt, Deine Kindheit mit meiner verglichen und mich entschlossen, diesen Brief als Buch zu schreiben. Weil es in Deutschland noch 766.998 andere Mädchen und Jungen Deines Jahrgangs gibt und noch mal mehr jüngere und ältere Kinder, deren Terminspalten im Familienkalender oft voller sind als die ihrer Eltern – und die nur mit halbem Ohr rätselhaft fremde Wörter hören: „Beschleunigung", „Vernutzung", „Turbo-Abi", „Schulzeitverkürzung", „G8" und „Sitzkindheit".

In diesem Brief, Sophie, möchte ich Dir und den anderen Kindern etwas verraten. Es gibt da ein paar Geheimnisse, von denen Ihr nichts wisst, denn jedes Kind nimmt die Welt ja erst einmal als gegeben hin. „Kinder sind Geiseln in den Händen der Welt", heißt es in einem Roman des Schriftstellers Martin Walser sogar.

Aber stopp, das war zu kompliziert. Und ein Wort wie „Geiseln" ist zu düster für das, worum es geht. Was ich meine, ist: Ein Kind hält sein Leben, so wie es ist, für ganz normal. Woher soll es wissen, dass alles auch anders sein könnte? Oder wie seine Eltern gelebt haben, als die noch klein waren? Und wer eigentlich entschieden hat, dass die Gegenwart so ist, wie sie ist? Dieses Hinnehmen ist schön, weil Ihr nicht so viel grübeln müsst: „Was wäre, wenn ...?" Aber es macht Euch auch da fügsam, brav, wo Auflehnung angebracht wäre.

Jetzt willst Du wissen, was Du noch nicht wusstest?

Du hattest schon in der fünften Klasse jeden Tag sieben Stunden Schule – und weißt nicht, dass ich als Kind niemals jeden Tag sieben Stunden hatte, in keinem einzigen Schuljahr. Du hattest auf Deinem letzten Zeugnis keinen einzigen Fehltag – und weißt nicht, dass ich als Kind nach einer Krankheit noch mindestens einen „fieberfreien Tag" zu Hause blieb. Du wächst auf in dem Bewusstsein, dass Du in einem Wettlauf mit Millionen fleißiger Schülerinnen und Schüler in Amerika, Indien und China stehst, in einem Wettbewerb um künftigen Wohlstand – und weißt nicht, dass mir als Kind in Bezug auf China noch gesagt wurde, es interessiere niemanden, „wenn dort ein Sack Reis umfällt". Du wirst vermutlich mit 17 Jahren Abi machen und mit Anfang 20 ein Studium beenden – und weißt nicht, dass ich in dem Alter so gerade eine erste Idee von meiner Zukunft hatte und von einem Studienabschluss weit entfernt war.

Weißt Du, das alles ist nicht einfach so passiert. Die freie Zeit ist nicht einfach so verschwunden. Wir Erwachsenen stellen schon in den Grundschulen Eure Lebensweichen. Wir haben den Gymnasiasten ein Jahr ihrer Schulzeit und den Studenten die letzte Muße an den Universitäten gestohlen. Und nicht nur das: Wir haben Eure ganze Kindheit beschleunigt, immer mehr in weniger Zeit gestopft. Wir haben es gut gemeint, aber getrieben haben uns – ehrlich gesagt: Angst und Eile und Gier.

Und das alles will ich Dir jetzt erklären.

Sehr seltsam: Nicht Ihr Kinder seid Angsthasen, sondern wir Eltern sind es

Ich habe gerade ein Experiment gemacht, Sophie. Ich war im Internet, auf Google, der Suchmaschine, die sich merkt, wonach wir Menschen sie fragen, die unsere Neugier misst wie ein Thermometer steigendes und sinkendes Fieber.

Ich habe das Wort „Zuversicht" eingegeben: 3 Millionen Treffer. Das Wort „Spaß": 44 Millionen. Das Wort „Freude": 71 Millionen. Und dann das Wort „Angst": 116 Millionen.

Derzeit, habe ich gelesen, haben wir Deutschen besonders große Angst vor der Euro-Krise, vor einer Inflation (also dass man für sein Geld immer weniger kaufen kann, weil alles teurer wird) und vor Altersarmut. Dazu kennen wir noch Zukunftsangst, Kriegsangst, Terrorangst, Angst um den Arbeitsplatz, Angst vor Überfremdung und Angst vor dem Islam. Es gibt außerdem Flugangst, Höhenangst, Platzangst, Prüfungsangst und Verfolgungsangst, Angst vor Hunden, vor Menschenmassen, vorm Zahnarzt, vor Wasser, Spinnen und stechenden Insekten.

Auf einer medizinischen Fachseite habe ich eine Aufzählung von insgesamt achtzig Phobien – „Phobie" ist das Fremdwort für Angst – gefunden. Das reicht von der *Aelurophobie* (Angst vor Katzen) über die *Bacteriophobie* (Angst vor Bakterien), die *Coulrophobie* (Angst vor Clowns), die *Gephyrophobie* (Angst vor dem Überqueren von Brücken), die *Gynäkophobie* (Angst vor Frauen), die *Halitophobie* (Angst vor Mundgeruch), die *Neophobie* (Angst vor Neuerungen), die *Nomophobie* (Angst, keinen Handyempfang zu haben) und die *Paraskavedekatriaphobie* (Angst vor Freitag, dem 13.) bis hin zur *Vaccinophobie* (Angst vor Impfungen). Und dann gibt es auch noch die *Phobophobie*. Das ist die Angst vor der Angst.

Beim Notieren dieser Wortungetüme war ich ein wenig von *Vertippophobie* befallen. Der Angst, mich zu verschreiben.

Ich will mich nicht lustig machen, Sophie, es sind ja anerkannte Krankheiten darunter. Aber ist Dir schon einmal aufgefallen, im Geschichtsunterricht vielleicht, dass es in unterschiedlichen Jahrhunderten und unterschiedlichen Kulturen immer auch unterschiedliche Krankheiten gab? Zum dreckigen Mittelalter gehörte die Pest, zur ausbeuterischen Industrialisierung die Knochenkrankheit Rachitis, zu den fetten Wirtschaftswunderjahren der Herzinfarkt. Ich glaube sogar: Manchmal ist Krankheit auch Definitionssache, hin und wieder sogar Mode. Mit der Angst vor Mundgeruch hätte sich vor hundert Jahren kein Mensch zum Arzt getraut. Und die Furcht, keinen Handyempfang zu haben, konnte noch niemand kennen. Das ist wichtig, Sophie: Wir behaupten so gern, die Eskimos hätten mindestens zwanzig Worte für „Schnee", und wir schließen daraus auf ihr Gefühlsleben. Wenn wir noch viel mehr Arten von Angst kennen, was sagt das dann über uns? Die Eskimos sind von Schnee umgeben, wir offenbar von Ängsten.

Jetzt willst Du natürlich wissen, was das mit Dir zu tun hat und mit mir als Vater, mit Deinem vollen Terminkalender, mit der verkürzten Schulzeit und Begriffen wie „Vernutzung" und „Sitzkindheit".

Lass uns dafür eine Expedition in die Seelenlandschaft der Erwachsenen unternehmen. Lass uns schauen, wie wir Eltern die Welt sehen, in der Ihr Kinder groß werdet. Ich glaube nämlich, es ist so: Deine Freundinnen und Du wachsen in einem Zeitalter der Verzagtheit auf. Viele Erwachsene haben heute das Gefühl, die Welt sei unsicherer, die Zukunft ungewisser als früher. Ich sage nicht, dass es so ist, aber es kommt vielen Menschen so vor. Ihre Angst sickert in den Alltag, sucht sich dort ihre Ausdrucksformen – und macht Euch so womöglich: Angst.

Das klingt sehr theoretisch. Deshalb ein Beispiel, eine dieser unscheinbaren Alltäglichkeiten, ein winziger Mosaikstein nur: Vor drei Jahren haben wir ein neues Auto gekauft. Wann immer wir jetzt irgendwo hinfahren – und sei es nur zum Getränkeholen –, verriegeln sich alle Türen automatisch von innen, sobald die Tachonadel 20 Stundenkilometer übersteigt. Wir sind keine hundert Meter von zu Hause entfernt, haben noch nicht mal den Spielplatz an der Straßenecke erreicht, da verwandelt sich unser Auto – „klack!" – in eine Art rollenden Tresor. Als verließen wir sicheren Boden.

Warum ist das so? In unserer kleinen Stadt in Schleswig-Holstein springen keine Plünder-Banden auf die Straße, sondern nur Eichhörnchen. Und ich behaupte, dass das an 1000 von 1000 Orten in Deutschland nicht anders ist. Die Arbeitslosenquote in unserem Landkreis liegt bei vier Prozent. Die Kreisverwaltung vermeldet mehr Einnahmen als Ausgaben. Die meisten großen Schlagzeilen in der Lokalzeitung lauten trotzdem:

Finanzielles Fiasko vermeiden, Tatort Friedhof: Callboy vor Gericht, Tote im Kleiderschrank: Erster Hinweis auf das Tatmotiv, Windpark bekommt Gegenwind, Im Visier der Einbrecher, Polizei fragt: Wer kennt den Triebtäter?

Nichts als Niedertracht und Niedergang.

Wenn ich in diesem Augenblick die Homepage von SPIEGEL ONLINE, die Startseite auf meinem Computer, öffne, herrscht auch dort Daueralarm:

Euro-Zone: Deutscher Export in Krisenländer bricht ein, Schwache Konjunktur: Arbeitslosenzahl steigt auf 2,9 Millionen, Teure Energie: Inflation klettert auf zwei Prozent, Die Spur des Geldes: Deutschland ist erpressbar geworden, Angst vor dem Euro-Zerfall: Deutsche Banken flüchten aus Krisenländern, Rhesusaffen: Diät verlängert das Leben nicht.

Klingt nicht gut, was?

Für einen Journalisten schreibt sich das nicht leicht, aber wenn in der Zeitung steht: *Zahl der Straftaten im Jahr 2011 gestiegen*, wirst Du womöglich nicht erfahren, dass die Kriminalitätsrate in den sieben Jahren davor stets gesunken ist. Und wenn es im Radio heißt: *In Deutschland sterben 3 von 1000 Kindern, bevor sie fünf Jahre alt werden*, fehlt der Hinweis, dass es in meinem Geburtsjahr noch 25 waren.

Die Welt besteht also nicht nur aus schlechten Nachrichten, Sophie. Wir Erwachsenen mit unseren achtzig Arten von Angst haben das aber schon fast vergessen. Umso wichtiger ist, dass ein Kind wie Du das weiß. Damit Du die Möglichkeit hast, die Welt mit eigenen Augen zu entdecken. Mit dem Optimismus – und auch mit dem Überschwang und dem Leichtsinn – der Jugend. Du hast ein Recht darauf!

Also los: Hast Du zum Beispiel gewusst, dass seit dem Jahr, in dem ich geboren wurde, die Lebenserwartung der Männer von 67 auf 77 Jahre gestiegen ist? Und die der Frauen von 74 auf 83? Es gibt fünfmal mehr Hundertjährige als vor dreißig Jahren. Es gibt auch wieder Lachse im Rhein und Elche in Brandenburg. Und schon 25 Prozent des Stroms in Deutschland werden aus Sonne, Wind und Wasser gewonnen. Fühlt sich verwegen an, das hier hinzuschreiben, fast wie was Verbotenes. So schwer fällt es uns Erwachsenen, auch mal was zu loben! Aber früher war eben nicht alles besser, auch wenn das zu fast jeder Zeit von fast allen Menschen behauptet wird. Würde das stimmen, säße die Menschheit auf einer Rutschbahn ins Elend – aber das, liebe Sophie, stimmt einfach nicht.

Den lustig-klügsten Satz dazu hat der Komiker Karl Valentin gesagt: „Früher war sogar die Zukunft besser."

Ich weiß nicht, ob es Dir schon aufgefallen ist, weil Du es ja nicht anders kennst: Aber wenn man uns Deutsche über unser Land und unser Leben reden hört, klingt es trotzdem häufig so, als sprächen wir über Somalia oder Sierra Leone. Unsere Politiker? Alle korrupt! Unsere Krankenhäuser? Völlig heruntergekommen! Unser Geld? Nichts mehr wert! Unsere Kinder? Schlecht gerüstet für die Zukunft!

Erstaunlich ist: Besonders gern und laut wird bei Kaffee und Kuchen gemotzt, auf Kreuzfahrtschiffen voller Pensionäre, bei Tempo 250 im ICE oder auf der Terrasse vor dem abbezahlten Haus, also immer dort, wo es den Leuten gut geht oder gut gehen könnte. Wir nehmen unseren Wohlstand nicht mehr wahr. Wir haben verlernt, unser Glück zu schätzen.

Jetzt würde ich gerne von Dir wissen: Wie klingt der Soundtrack, die Begleitmusik Deiner Kindheit? Worüber hörst Du uns Erwachsene reden, beim Abendessen, am Telefon, beim Gartenzaunplausch mit den Nachbarn? Wie oft sprechen wir in Deinem Beisein über die Zukunft als etwas Bedrohliches – und wie oft schildern wir sie Dir als ein phantastisches Abenteuerland, das es unbedingt zu entdecken gilt? Wie oft hörst Du, dass die Menschen schlecht sind, und wie oft von freundlichen Begegnungen? Welche Art von Seufzer hörst Du bei uns zu Hause öfter: „Auch das noch ..." oder „Wie gut es uns geht ..."? Schildern wir einem Kind wie Dir die Welt noch als ein staunenswertes Wunder?

Wissenschaftler grübeln seit langem über den Missmut der Erwachsenen. Philosophen glauben, es könnte daran liegen, dass wir in einer Zeit „rasenden Stillstands" leben. Damit meinen sie: Wir Menschen haben gerade keine Idee für das Morgen, die Zukunft, uns fehlt so etwas wie eine Anleitung zum Leben. Die Kirche nehmen wir nicht mehr so ernst wie unsere Großeltern das noch taten. Der Kommunismus, von dem Du bald im Geschichtsunterricht hören wirst, ist erledigt. Der Kapitalismus fordert dauernd neue Opfer. Zum Mond will auch keiner mehr fliegen. Schon gegen neue Postleitzahlen gibt es ja Proteste.

Es ist nur eine Vermutung, aber ich glaube, wenn wir eine Zeitreise in die Vergangenheit machen könnten und dort Männer in meinem Alter fragten, was sie sich von ihrer Zukunft erträumten, hätten deren Antworten so geklungen: „Neue Kontinente erobern!" Oder: „Alle Krankheiten ausrotten!" Oder: „Eine Brücke über die Meerenge von Gibraltar bauen!" Nicht jede Idee wäre gut gewesen, manche gefährlich, aber alle groß. Heute, da bin ich sicher, würde die Standardantwort lauten: „Zukunft? Puh ... keine Ahnung ... ich weiß ja nicht mal, ob ich später noch Rente kriege." Das ist der „Stillstand", von dem die Philosophen reden.

Mit „Raserei" meinen sie, dass wir zugleich viel mehr wissen als früher. Dass uns vor lauter Neuigkeiten der Kopf schwirrt, das kennst Du bestimmt auch. Wir erfahren von jedem Flugzeugabsturz in der Mongolei und jeder Grippewelle in Japan, wir hören von jedem Tsunami im Pazifik und von jedem Terroranschlag in Afghanistan, von jedem Völkermord in Afrika und von jedem neuen Handy, Fernseher oder Computer, der irgendwo anders auf der Welt erfunden wird, was in Deutschland vielleicht Arbeitsplätze kosten könnte. „Rasender Stillstand" bedeutet: Wir haben den Eindruck, alles in der Welt verändert sich – und wünschen uns umso mehr, dass alles bleibt, wie es ist. Und: Dauernd gibt es einen Grund zum Fürchten – aber meistens passiert dann doch nichts.

Heißt das nicht auch: Kaum fürchten wir uns mal nicht, könnte sofort was passieren?!

Das hat dazu geführt, dass wir eigentlich gegen alles sind, vor allem gegen Veränderung. Die Deutschen sind gegen Atomkraft, aber auch gegen neue Windräder. Sie sind gegen Umweltverschmutzung, aber auch gegen ein Tempolimit. Sie sind gegen neue Autobahnen, aber auch gegen neue Bahnhöfe. Sie haben Angst vor dem Aussterben, sind aber auch gegen mehr Zuwanderer. Das meistverkaufte Sachbuch seit 1945 heißt folgerichtig *Deutschland schafft sich ab.*

Dass Du das nicht für normal hältst, ist wichtig, Sophie. Damit Du später nicht die Fehler machst, die wir Erwachsenen gerade machen.

Psychologen sagen, wir leiden an „Angstlust". Sie glauben: Manchmal machen wir uns nur deshalb Sorgen, damit wir später erleichtert sein können. Ist das nicht bekloppt?

Als im Winter vor drei Jahren eine Kaltfront mit Schnee angekündigt wurde, kauften die Deutschen aus Angst vor Glatteis schnell noch die Supermärkte leer. Der Schnee blieb dann aus.

Als in Asien Hühner an der Vogelgrippe starben, brach hierzulande eine Debatte los, welcher Mensch eine Schutzimpfung wert sei und welcher nicht, sobald die Seuche Europa erreiche. Doch der Tod kam nie.

Ich will Dich mit diesen Beispielen nicht leichtsinnig machen, Sophie, Dich nicht zu einem gleichgültigen Menschen erziehen. Es gibt tausend Einwände gegen Desinteresse an der Welt. Den Klimawandel. Die Schuldenkrise. Die ungleiche Verteilung von Vermögen und Chancen, auch in unserem Land. Und dass, wer denkt, uns geht's doch gut, leicht jene vergisst, denen es schlechter geht, die unsere Hilfe brauchen – und das sind ziemlich viele.

Und ich weiß ja auch nicht, wie das gehen soll: Ein Kind zu einem aufmerksamen Bürger machen, ohne es mit Ängsten zu konfrontieren. Zumal Angst − nein, lass uns lieber von „Vorsicht" reden! − auch sinnvoll sein kann, weil man nicht jeden Mist mitmacht. Weil sie manchmal Schlimmeres verhindert. Und weil Veränderung nicht per se gut ist. Aber zwischen den Sorgen muss auch Zeit sein für die Zuversicht. Und für die Frage: Was von dem, wovor wir uns in letzter Zeit gefürchtet haben, ist eigentlich eingetroffen? Und was hätten wir Tolles tun können in der Zeit, in der wir uns grundlos Sorgen machten?

Unserem Land, hat mir ein Wissenschaftler neulich erzählt, könne man den Missmut sogar ansehen. Unsere Häuser, unsere Kleidung, unsere Autos, sagt er, alles erzähle ihm von unseren Ängsten. Lutz Fügener ist Professor für Auto-Design. Du wirst jetzt denken: Was haben Autos mit Angst zu tun, abgesehen davon, dass sie sich von innen verriegeln? Fügener sagt: Man kann an ihnen − und nicht nur an ihnen − gut erkennen, dass wir Erwachsenen am liebsten vor der Zukunft in die Vergangenheit fliehen würden. Obwohl das doch nicht geht! Keine Uhr kann rückwärts laufen! Wie soll ein Mensch da gegen die Zeit anrennen? Aber in den Straßen stehen jetzt lauter Retro-Autos, die aussehen wie aus der „guten alten Zeit", auch wir fahren so eins. Das Kaufhaus Manufactum wirbt mit dem Slogan „Es gibt sie noch, die guten Dinge" und verkauft Schränke, Spaten und Seifen besonders teuer, weil sie so aussehen wie früher. Die Häuser in den Vororten ziehen sich schwere Dächer über, verstecken sich hinter Zäunen und Säulen. Die Fenster sind wieder mit Sprossen vergittert.

Warte noch einen kurzen Augenblick, Sophie! Dann wirst Du verstehen, was das alles mit Dir zu tun hat. Wir sind immer noch auf unserer Expedition in die Seelenlandschaft der Erwachsenen. Was siehst Du?

Toskana-Villen, skandinavische Holzhäuser wie in Bullerbü und große Puppenstuben in Zartrosa. Wenn Menschen vor 30 Jahren in eine Siedlung wie unsere geraten wären, hätten sie nicht geglaubt, dass es sich dabei um Häuser aus der Zukunft handelt, sondern um ein Museumsdorf. Nach Zukunftslust sieht das nicht aus. Auch nicht nach Freude am Hier und Jetzt. Eher nach Zuflucht im Woanders oder im Früher.

Natürlich passiert das unbewusst, Sophie. Niemand von uns Eltern sitzt zähneklappernd zu Hause. Kein Mensch glaubt, dass Gitterfenster vor einer Wirtschaftskrise schützen. Doch das alles prägt Deine Erfahrungen und Erinnerungen: Unsere Straße ist Deine Kindheitskulisse, der Beginn Deines Lebensweges. Hier werden Werte definiert und erste Weltbilder. Hier hocken wir Erwachsenen mit unserer Furcht vor der Zukunft.

Ihr Kinder müsst da aber hin.

Wir versuchen, Euch auf etwas scheinbar Bedrohliches vorzubereiten. Wie kann das freudvoll und zuversichtlich sein?

Was bedeutet es da, wenn Du manchmal sagst: „Eigentlich möchte ich nie erwachsen werden."

Ist das nur ein Lob Deiner Kindheit? Oder ist unsere unsinnige Angst vor der Zukunft schon Deine geworden?

Und glaubst Du deshalb, mittwochs nicht Schwimmen gehen zu können?

Ich habe unseren Pfarrer dazu befragt. (Jaja, den kleinen, bärtigen Mann, dessen Kirche wir nur zu Weihnachten besuchen …) Ein Pfarrer, denke ich, steht heute etwas abseits der Gesellschaft, wie ein Zeuge bei einem Autounfall. Er ist nicht mittendrin, bekommt aber viel mit. Er hat mir erzählt, dass Ihr Kinder ihm in vertraulichen Gesprächen kaum mehr sagt: „Ich war frech zu meinen Eltern." Oder in der Beichte flüstert: „Ich hab die Tür geknallt."

Etwas Konkretes, Vergangenes also. Nein: Der Pfarrer sagt, dass sich Eure Sorgen in die Zukunft wenden. Dass Ihr schon wie kleine Pessimisten sprecht, denen „das Grundvertrauen in das Leben" fehle. Ihr erzählt ihm: „Ich schaff das nicht." Oder: „Ich hab Schiss, ich werde das nicht schaffen". Das sind Beichten im *Futur*.

Der Pfarrer tut alles, um den Kindern diese Angst auszureden. Weil sie Quatsch ist. Und weil Zukunft doch was Tolles ist. Unter anderem, weil man sie noch vor sich hat! (Ja, haha.)

Auch komisch: Wir Erwachsenen sind dauernd in
Eile und stehlen Euch Kindern die Zeit ...

Musst Du heute eigentlich noch Hausaufgaben machen,
Sophie? Halte ich Dich mit meinem Brief vom Vokabel-
lernen ab? Oder hast Du Zeit für eine richtig doofe Frage?

Ja?

Na, dann: Wozu gibt es Tee?

Zum Trinken, meinst Du?

Das habe ich auch geglaubt, bis ich in unserem Küchen-
schrank nachgesehen habe. Der Tee da drin – so steht es
zumindest auf dem Etikett – soll „erfrischend" sein. Und
das Müsli in der Schublade drüber „vitalisierend". Das
Shampoo in unserem Badezimmer verspricht „Entspannung", das Duschgel „Erholung daheim" und die Haut-
creme „sanfte Regeneration".

„Erfrischung", „Entspannung", „Erholung" – das klingt
nach Kur oder Krankenhaus. Nach Sanatoriums-Sehnsucht.

Woran das liegt, fragst Du Dich? Daran, dass es außer der Angst ja noch die Eile, die Raserei gibt, von der ich Dir erzählen will. Weil ich glaube, dass auch sie etwas damit zu tun hat, dass Du meinst: Zeit zum Schwimmen hat man nur an Wochenenden.

Ich versuche es mal so:

Wir Erwachsenen schauen selten im Kühlschrank nach, ob noch Käse oder Wurst da ist, aber wir gucken ständig auf die Uhr. Wir klagen dauernd über „Stress", doch wenn wir nichts zu tun haben, fühlen wir uns nutzlos. Wir sind genervt, wenn der Chef uns auch am Wochenende anruft, aber eifersüchtig, wenn ein anderer Kollege mehr Anrufe bekommt. Auch zu diesem Gefühl gibt es inzwischen eine Krankheit: Das *Phantom Vibration Syndrom* – diese Sinnestäuschung, dass das Handy in der Jackentasche vibriert. Unsere Computer sind voller *Updates* und *Reminder*, unsere Köpfe können Wichtiges von Drängendem nicht mehr unterscheiden – und den Sonntag nicht vom Montag. Deine Großeltern haben seit vierzig Jahren dieselbe Telefonnummer, wir haben unsere seit Deiner Geburt zweimal gewechselt und noch zwei Handynummern dazugekriegt, damit wir immer erreichbar sind. Ein Brief war früher Tage unterwegs, eine Mail ist heute augenblicklich da und will sofort beantwortet werden. Die ganze Welt ist in einen

Wettlauf geraten, den wir Erwachsenen „Globalisierung"
nennen: Wer näht die billigsten T-Shirts? Wer baut die besten Autos und benötigt dafür am Fließband so wenig Stunden wie möglich? Wer erfindet zuerst neue Telefone und
Computer, die uns noch rasanter *updaten* und *reminden*
können?

Für das Gefühl, das daraus entsteht, hat jemand ein ulki-
ges Wort erfunden: „Gegenwartsschrumpfung". Ich denke
mal, er meint damit: Das Heute wird immer schneller vom
Morgen abgelöst. Zum Beispiel wird das Wissen, wie etwas
geht (sogar so etwas Einfaches wie Telefonieren oder Foto-
grafieren), immer kürzer, weil ja ständig neue Telefone und
Kameras erfunden werden, die anders funktionieren als die
alten. Andauernd werden Firmen umbenannt, neue Fahr-
kartenautomaten aufgestellt, ändern sich Adressen, müssen Passwörter gewechselt werden. Dass das Heute kleiner
wird, erkennt man auch daran, dass wir immer mehr Geld
fürs Morgen, fürs Alter zurücklegen. Dass so einiges, was
wir jetzt tun (eine Privatrente abschließen, nicht rauchen,
gesund essen) uns vor allem später nützen soll. Wir denken
also schon an die Zukunft, aber eben als etwas, vor dem
man sich heute schützen muss.

Ich sage nicht, dass es unvernünftig ist, für später vorzu-
sorgen, aber die schrumpfende Gegenwart macht uns auch

ein bisschen kirre. Denn mit der Eile ist es so ähnlich wie mit der Angst: Zu der wirklichen Eile kommt eine eingebildete Eile, die alles noch eiliger werden lässt. Du siehst es Tag für Tag an mir: Es fühlt sich verführerisch gut an, die Zeit zu nutzen. Ob ich morgens (während der „erfrischende" Tee zieht) schnell die Zeitung reinhole, ob ich (während des Zähneputzens mit der „kräftigenden" Zahncreme) kurz stoßlüfte, ob ich mittags (während das Nudelwasser kocht) eben die Trockentücher wechsle, ob ich an der Tankstelle (während das Benzin ins Auto gurgelt) nebenbei noch meine Mails checke: Jedes Mal ein kleiner Sieg über die Eile! Oder ist es ein kleiner Sieg der Eile über mich?

Ein Verkehrsforscher hat herausgefunden: Jahr für Jahr steigt die mittlere Geschwindigkeit in Deutschland auf Autobahn-Abschnitten ohne Tempolimit um etwa einen Stundenkilometer. Trotzdem drängen sich bei dichtem Verkehr mehr als zwei Drittel der Autos auf der linken Spur. Es geht uns einfach nicht schnell genug durch die verstopfte Gegenwart.

Ein britischer Professor für Psychologie hat errechnet: In den vergangenen zwanzig Jahren hat sich die Gehgeschwindigkeit von uns Menschen um zehn Prozent beschleunigt, in Wirtschaftsmetropolen wie Singapur und New York hetzen die Leute sogar bis zu dreißig Prozent schneller durch die Straßen – Zeit ist Geld!

So wie Angst Angst machen kann, ist das Erstaunliche an der Eile, dass man mit ihr meistens keine Zeit gewinnt! „Wenn ich schneller zu Hause bin, kann ich heute noch Wäsche waschen." … „Wenn wir zwei Tage eher aus dem Urlaub kommen, hätten wir endlich Zeit für den Hausputz." … „Wenn Ihr Kinder ein Jahr früher mit der Schule fertig seid, könnt Ihr sofort mit dem Studieren anfangen."

Dass wir uns von Tee „Erfrischung" und von Duschgel „Erholung" versprechen, dass die Buchhandlungen voller Lebenskunst-Ratgeber sind und wir in unseren Gärten Sofa-Landschaften platzieren, bedeutet wohl, dass wir Entspannung – oder auch nur Gegenwart! – zu kaufen versuchen, weil wir sie *einfach so* nicht mehr hinbekommen. Deshalb ist es uns auch nicht gelungen, Euch vor unserer Hast zu schützen, Sophie.

Immer mehr Eltern fragen bei Ärzten nach vorbeugenden Mandel- und Polypen-Operationen, weil sie finden, dass die Erkältungen ihrer Kinder zu viel Zeit rauben. Schüler bekommen Fiebermittel und Grippehemmer. Kinderkrankheiten scheinen nichts mehr für Kinder zu sein. Lego bietet mittlerweile Spielsets mit weniger Steinen an. „Weil die

Kinder keine Zeit mehr haben, um stundenlang zu bauen", sagt der Marketing-Direktor.

Wenn ich Väter und Mütter mit ihren Kindern reden höre, auch wenn ich mir selbst lausche, ob im Supermarkt, in der Umkleide des Sportvereins oder wo auch immer, dann habe ich den Eindruck: Die alte Ermahnung „Benimm Dich!", die Standardschimpfe meiner Kindheit, ist abgelöst worden vom „Beeil Dich!".

Irgendwann haben wir dann auch noch gemerkt, dass die Kinder in anderen Ländern schneller lernen als unsere. Dass sie in China früher damit anfangen und in Amerika früher damit aufhören. Und gleich arbeiten. Da hat uns die Angst noch mehr gepackt. Wir haben uns nicht gefragt, ob es klug ist, so schnell und so viel zu lernen wie die Chinesen. Oder so hastig und so wenig wie die Amerikaner. Wir haben nur gedacht: Bevor die uns einholen, beeilen wir uns auch.

Und noch etwas kam hinzu. Etwas, das nur mit Deutschland zu tun hat: das sogenannte „Demografieproblem". Das heißt, es gibt bei uns zu wenige Kinder und zu viele Alte. Aber das siehst Du ja, weil zu unseren Familienfesten mehr Onkel und Tanten kommen als Cousins und Cousinen. Ich hatte lange gedacht, dieses Demografieproblem werde Dein Leben als Erwachsene prägen. Jetzt bestimmt es schon

Deine Kindheit. Denn wer früher die Schule verlässt, kann länger arbeiten. Und wer länger arbeitet, kann uns, wenn wir alt und müde sind, länger Geld für die Rente geben.

Im aktuellen *Bericht zur Lage der Kinder in Deutschland* von UNICEF, dem Kinderhilfswerk der Vereinten Nationen, steht dazu eine interessante Frage: „Sind Kinder nur dazu da, die Weiterentwicklung der Gesellschaft zu sichern, den Reichtum der Erwachsenen zu erhalten … und sich sonst in die Vorgaben der Erwachsenengesellschaft und deren Zukunftsvorstellungen einzufügen?" Oder dürfen sie junge Bürger sein, mit der „Chance, ihr Leben in der gleichen Freiheit und selbstbestimmt entwickeln zu können wie die Elterngeneration?" Die Antwort geben die Autoren gleich selbst: Sie finden, wir Erwachsenen – egal ob Politiker, Lehrer oder Eltern – sähen viel zu sehr den „Nutzwert" von Euch Kindern, und nicht Eure „individuellen Zukunftschancen".

Schon 1993 – als uns die Chinesen noch egal waren und es keine internationalen Schulvergleiche gab – ging das los: Da empfahlen die Finanzminister aller deutschen Bundesländer, Euch ein Schuljahr wegzunehmen. Nicht die Kultusminister, die sich um die Schulen kümmern! Sondern die Politiker, die aufs Geld aufpassen, die Zahlen statt Menschen sehen und deshalb wissen: Jeder Gymnasiast kostet

5000 Euro im Jahr. Geld für die Lehrer, den Hausmeister, die Tafeln und Turnmatten. Allein an Dir und Deinen 27 Klassenkameraden konnten sie also 140.000 Euro sparen. Das ist die Gier, von der ich anfangs schrieb.

Und weißt Du was? Das hat uns Erwachsene schon damals nicht gestört. Das passte gut in die Zeit, zu unserer Eile und unserer Angst. Wer will seinem Kind schon durch Bedenken den Weg in die Zukunft verbremsen? Und wenn wir Erwachsenen alles schneller erledigen, können sich die Kinder doch auch ein bisschen beeilen, oder? Jedes Jahr zu viel in der Schule, sagte der damalige Bundespräsident, sei „gestohlene Lebenszeit". Und fast alle haben genickt.

Heute denke ich: Wir haben damals vergessen, dass auch die Kindheit schon „Lebenszeit" ist. Gerade die Kindheit!

Und weil wir das vergessen haben, wurde Euch ein Jahr aus der Schulzeit gestrichen – aus Eurem Lernstoff aber strichen wir nur wenig. Ihr sollt auf dem Gymnasium in acht Jahren begreifen, wofür wir Eltern noch neun Jahre Zeit hatten. Unseren Mangel an Zeit – wir haben ihn zu Eurem gemacht.

Deshalb hast Du jetzt eine 40-Stunden-Woche. Deshalb arbeitest Du manchmal länger als ich. Deshalb glaubst Du, mittwochs nicht ins Schwimmbad gehen zu können. Deshalb hast Du das Gitarrespielen aufgegeben. Deshalb telefonierst Du an einigen Tagen die Klassenliste rauf und runter, bis Du jemanden zum Verabreden findest. Alle sind beschäftigt.

So kommt ein kleiner Raub an Freizeit und Freiheit zum anderen. Jeder für sich wäre vielleicht nicht der Rede wert, aber wenn man alle kleinen Zeitdiebstähle zusammenrechnet, in jeder Familie zwischen Nordsee und Alpen, kommt eine große Statistik der Überforderung dabei heraus: Ein Viertel aller Gymnasiastinnen klagt regelmäßig über Kopfweh; das hat die Krankenkasse DAK herausgefunden. Kinder und Jugendliche wenden tatsächlich genauso viel Zeit nur für Schule und Hausaufgaben auf wie Erwachsene für einen Vollzeitjob, Mädchen 40 Stunden und Jungen 37 Stunden jede Woche; das hat eine Umfrage des Deutschen Kinderhilfswerkes ergeben. In unserem Bundesland sind die Teilnehmerzahlen bei „Jugend forscht" eingebrochen, dabei wollte Deutschland doch möglichst schnell möglichst viele möglichst junge Ingenieure. Kinder treten aus Sportvereinen und Chören aus. Wie wir Erwachsenen haben jetzt auch sie das Gefühl, keine Zeit mehr zu haben.

Ist in Wahrheit nicht das „gestohlene Lebenszeit"?

Es gibt einen Arzt in Bremen, der heißt Stefan Trapp und hat vor einigen Jahren einen Brief an die Bildungssenatorin seiner Stadt geschrieben. Darin stand: „Als niedergelassener Kinder- und Jugendarzt wie auch als betroffener Vater erlebe ich die Folgen der Verkürzung des Gymnasiums auf acht Jahre täglich in Praxis und Familie." Seine Patienten zeigten Symptome, die sonst bei gestressten Managern auftreten. Kopfschmerzen und Schlappheit. Die Senatorin hat ihm nicht geantwortet. Aber weil Trapp in seiner Stadt ein bekannter Mann ist und den Bremer Berufsverband der Kinder- und Jugendärzte leitet, hat eine Zeitung seinen Brief abgedruckt. Ich habe ihn besucht.

Trapp ist noch jung. Er trinkt Cola und isst gerne Kuchen, obwohl das nicht gesund ist. Er ist ein fröhlicher Arzt, solange er nicht von den müden Mädchen und Jungen in seinem Sprechzimmer erzählt. Einige sind erschöpft, weil sie so viel lernen. Andere sind erschöpft, weil ihre Eltern dauernd sagen, sie täten zu wenig. Trapp behandelt Schüler mit Schlafstörungen und Depressionen. Das sind Krankheiten, die früher bloß Erwachsene bekamen, die richtig Pech hatten. „Früher hatten Kinder Kopfschmerzen, weil sie eine Brille brauchten", sagt Trapp. „Heute, weil sie beim Gedanken an die Schule mittlerweile die Gefahr des Scheiterns mitdenken."

Darf man das: Von den Erlebnissen eines einzigen Arztes auf das ganze Land schließen? Ja, denn eine Praxis ist eine Forschungsstation mitten im Alltag. Ein aufmerksamer Arzt kann hier beobachten, zählen, fragen. Das Leben findet in seiner Sprechstunde statt, nicht in Lehrerfortbildungen oder auf Bildungskongressen. Nicht nur Stefan Trapp, der Arzt in Bremen, sondern auch UNICEF beobachtet bei Kindern in unserem Land eine „Veränderung des Krankheitsspektrums" von körperlichen zu seelischen Beschwerden, von akuten zu chronischen Leiden. Trapp sagt es so: „Die Rolle des Gymnasiasten als Sorgenkind ist neu." Gymnasiasten sind seltener dick, essen meist gesünder und prügeln sich kaum. Gymnasiasten sind aber ziemlich *gewissenhaft*. Genau das ist die Gefahr. Trapp sagt: „Die Schulzeit ähnelt immer mehr einer anspruchsvollen Bürotätigkeit – kein Wunder, dass sich auch die Krankheitsbilder ähneln." Wie sollen Jugendliche auch mit Anforderungen klarkommen, an denen schon Erwachsene scheitern?

In seiner Praxis fragt Trapp die Schüler: Warum kommst du zu mir? Was machst du in deiner Freizeit? Was tust du gern? Was würdest du gern tun? Wann fühlst du dich wohl? Wenn die Antwort lautet: Ich war das letzte Mal in den Ferien froh, dann ist das ein Problem. Auch für ihn. Ein Arzt will heilen, nicht nur herumdoktern. Mit Scharlach oder Läusen ist Trapp immer fertig geworden, aber wie kann er einem mutlosen Kind helfen? „Wenn jemand krank wird durch die Schule, ist eine Therapie, eine ursächliche Therapie, nicht möglich", sagt Trapp. Das bedeutet: Wer sich einen Arm gebrochen hat, bekommt einen Gips und braucht Geduld. Wer eine Pferdeallergie hat, kann mit dem Reiten aufhören. Aber wen das Lernen krank macht, für den kann man nicht die Schule abschaffen. Man könnte sie allerdings verändern.

Was der Kinderarzt sagt, steht so ähnlich auch im LBS-Jugendbarometer, einer Studie, für die 9- bis 14-Jährige befragt werden und an der auch der Deutsche Kinderschutzbund beteiligt ist. Über die Umfrage aus dem Jahr 2007 heißt es: „Die größte Angst der befragten Kinder ist es, in der Schule zu versagen, d. h. beispielsweise, schlechte Noten zu bekommen oder sitzen zu bleiben." Die Schule macht Euch mehr Angst als verprügelt zu werden, keine Freunde zu haben oder als eine Trennung der Eltern. In Internetforen werden „Pillen fürs Abi" empfohlen: *Ampakin* (eigentlich für alte Leute mit Alzheimer) für mehr Gehirnleistung. *Fluoxetin* (eigentlich gegen Depressionen) für mehr Leistungsbereitschaft. *Metroprolol* (eigentlich gegen Bluthochdruck) für weniger Prüfungsangst. In Baden-Württemberg hat sich die Zahl der Fünft- und Sechstklässler, die nachmittags in Nachhilfe-Instituten nachsitzen, fast verdreifacht. Sie haben plötzlich das Gefühl, nicht gut genug zu sein – obwohl sie gar nicht schlechter geworden sind! Drei Milliarden Euro investieren nervöse Eltern jedes Jahr in die Nachhilfe, 20 Prozent von ihnen mehr als 200 Euro im Monat. Das sind 2400 Euro im Jahr. Fast so viel, wie die Finanzminister an Euch gespart haben. Das Bundesministerium für Bildung sagt: Mehr als 60 Prozent der Nachhilfeschüler stammen aus Familien mit überdurchschnittlichem Einkommen, und erstaunlich viele von ihnen sind Einzelkinder.

Ich bin jetzt in meinem Brief an einer Stelle angelangt, die ziemlich knifflig ist: Darf man Kinder bedauern, deren Eltern 2400 Euro im Jahr für Nachhilfe übrig haben? Den Zustand einer Gesellschaft kritisieren, die sich Milliarden für Extra-Unterricht leisten kann?

Ich gebe zu: Es geht in meinem Brief – zumindest bis zu dieser Stelle – anscheinend nicht um die Vernachlässigten, für die viel dringender Manifeste geschrieben werden müssten. Denn es gibt ja auch Kinder, deren Eltern kein Geld für Nachhilfe haben. Und Kinder, für die ein Gymnasium wie ein unerreichbarer Stern ist. Es gibt Kinder, die vor dem Fernseher geparkt werden. Und Kinder, deren Väter und Mütter keine Lust haben, mal nach den Hausaufgaben zu fragen. Meine Beschwerde über ein Zuviel an Anforderungen an Euch muss in den Ohren vieler Menschen auf der Welt wie Hohn klingen. Denn was sind sieben Stunden Schule gegen eine Kindheit ohne Zuwendung? Oder gegen eine Kindheit im Krieg, auf der Flucht, in Armut oder voller Hunger? Und was ist ein Jahr gestohlene Kindheit gegen gar keine Kindheit?

Ich finde keine einfache Antwort auf diese Frage, Sophie. Aber wenn ich Dir schreibe, dass 60 Prozent der Nachhilfeschüler aus Familien mit überdurchschnittlich viel Geld stammen, bedeutet das nicht, dass *die* am meisten zu bedauern sind – sondern dass sich hinter dieser Zahl eine *andere* Ungerechtigkeit verbirgt. Nämlich: Dass eine von Eile und Angst getriebene Gesellschaft, die schon die starken Schüler schwächt, die schwachen niemals stärken wird. Dass sie ein ohnehin eher trennendes als verbindendes Schulsystem noch ungerechter macht.

Die erwachsenen Leser werden das hoffentlich immer mitdenken.

Mein Brief ist ein „Bericht aus der Mittelschicht", so würden Sozialforscher das sagen. Er erzählt davon, wie aus einem Luxusproblem ein echtes Problem wird: für die Töchter und Söhne all der verzagten Mittelschicht-Menschen – und noch mehr für die Kinder, deren Eltern sich dieses Problem eigentlich gar nicht leisten können.

Außerdem denke ich: Wer ein kleines Unrecht nicht ernst nimmt, weil es immer irgendwo ein größeres Unrecht gibt, der wird die Welt nicht verbessern. Und ich finde: In einem Land, in dem sich Nachbarn vor Gericht über den Verlauf von Gartenzäunen streiten, in dem bei steigenden Spritpreisen sofort „Benzin-Wut" aufkommt (so steht es zumindest in der Zeitung) und in dem gegen jedes neue Windrad und jede neue Moschee protestiert wird, darf man sich auch über den millionenfachen Raub an Kindheit wundern.

Und zum Wundern ist das ja alles, Sophie! Nein, nicht nur G8, das bloß ein besonders gut erkennbares Beispiel für die Beschleunigung Eurer Leben ist, weil die Eile da in ein Gesetz gegossen wurde.* Es ist leicht, auf dieses Gesetz zu schimpfen, und auf all die Politiker und Pädagogen, die es

---

* Als dieser Brief geschrieben wurde, war nicht absehbar, dass einige Jahre später eine Pandemie unsere hochbeschleunigte Welt in eine absolute Entschleunigung zwingen würde. Vorübergehend standen Fabriken still, der Flugverkehr wurde eingestellt, Schulen geschlossen. Welche Folgen das für die Gesellschaften haben wird, ist schwer absehbar. Jedes Urteil wäre zu früh gefällt. Was man vielleicht – und vorsichtig – sagen kann: In den Debatten um die richtige Corona-Politik ging es völlig zu Recht vor allem um die Frage, wie man die besonders gefährdete Gruppe der älteren Menschen vor dem Virus schützen könne. Aber: Eher zu wenig wurden auch hier wieder die Belange junger Menschen thematisiert. Es fielen ja nicht nur Klassenfahrten oder Abiturfeiern aus. Ausbildungsverträge wurden aufgelöst, weil Betriebe insolvent gingen. Studierende verloren ihre Jobs und zogen wieder in ihre Kinderzimmer. Junge Menschen, angewiesen auf Kontakte, hockten zu Hause an ihren Schreibtischen, Millionen Vereinzelte. Und der Staat nahm in bislang kaum gekannter Höhe neue Schulden auf, die künftige Generationen zurückzahlen müssen. Die jungen Leute nahmen das klaglos hin, hielten sich dazu in großer Mehrheit an alle Hygieneregeln und akzeptierten, dass sie als Letzte gegen das Virus geimpft werden würden. Man hätte ihnen dafür etwas deutlicher danken können.

gut finden. Das gibt uns Eltern die Möglichkeit, von unseren eigenen Fehlern abzulenken. Die sind auch schwerer erkennbar, weil es sich dabei um ein Zuviel an Zuwendung handelt, und das ist eigentlich besser als Zuwenig. Wir haben Eure Kindheit nämlich nicht nur aus Angst, Eile und Gier verkürzt, sondern – da bin ich mir mittlerweile sicher: auch aus zu viel Liebe! Das ist ja das Verrückte.

Kaum zu glauben: Warum aus zu viel Liebe ein goldener Käfig werden kann

Hattet Ihr in der Schule schon Bevölkerungspyramiden? Diese Grafiken, in denen Gesellschaften nach Geburtsjahrgängen geschichtet sind? Die unten, bei den Jüngeren, eigentlich breit sein müssten und oben, bei den Älteren, immer spitzer werden? Wie eine Pyramide eben?

Dann weißt Du: In reichen Ländern sieht die „Pyramide" eher aus wie eine dicke Tante mit ziemlich viel Hüftspeck. Oder wie ein verwachsener Weihnachtsbaum: obenrum breit, unten ein dünner Stamm. Der Stamm, das seid Ihr Kinder. Das viele Nadelgrün, das sind wir Erwachsenen.

Erstaunlich ist, dass die Welt für Dich trotzdem wie eine Welt voller Kinder wirkt: in der Schule, im Sportverein, in der Nachbarschaft. Du erlebst eine Welt, die sich scheinbar bedingungslos auf Euch Kinder eingerichtet hat – mit Kindergärten, Kinderspielplätzen, Kindermuseen, Kinderuniversitäten, Kinderparlamenten, Kinderhotels, Kinderbüchern, Kinderfilmen, Kinderbowle, Kinderkanal und

Kinderüberraschungseiern. Aber Ihr steht nicht im Mittelpunkt, weil Ihr die Mehrheit seid, Sophie. Ihr seid eine Minderheit geworden. In dem Jahr, als ich geboren wurde, war ich eines von mehr als einer Million Babys. In Deinem Geburtsjahr kamen in Deutschland ein Viertel weniger Neugeborene zur Welt. Nur noch in jedem dritten deutschen Haushalt lebt heute ein Kind. Und eine Frau, die erstmals ein Baby bekommt, ist durchschnittlich 29,2 Jahre alt, fünf Jahre älter als eine junge Mutter vor vierzig Jahren.

Mama war dreißig, als Du geboren wurdest. Du warst, wie die meisten Kinder, erwünscht und erwartet. Dein Leben ist dokumentiert vom ersten positiven Schwangerschaftstest an, das Bild vom zartrosa Kontrollstreifen klebt als erstes in Deinem Fotoalbum. Deine ulkigsten Kleinkindsprüche haben wir in einem Büchlein festgehalten, wir haben die Tage notiert, an denen Du zum ersten Mal gekrabbelt bist, laufen konntest, „Mama" und „Papa" gesagt, Deinen eigenen Namen geschrieben hast. Wir haben eine Deiner blonden Locken unter Tesafilm archiviert. Und an Deinem Türrahmen sind Deine Wachstumsschübe festgehalten, museumsgleich.

Keine Sorge, Sophie, das ist nicht schlimm, sondern schön. Das ist ganz normale Liebe.

Du sollst nur wissen, dass nicht alles, was wir heute normal finden, schon früher als normal galt oder künftig als normal gelten wird. Dass unsere Liebe auf Eltern aus anderen Zeiten oder in anderen Ländern fast schon so wirken könnte, als wäret Ihr Kinder eine vom Aussterben bedrohte Tierart. Alle Augen richten sich auf Euch. Ihr steht unter ständiger Beobachtung.

Dazu will ich Dir die Geschichte von einem Jungen namens Paul erzählen. Paul wurde vor mehr als hundert Jahren geboren, als zehntes von insgesamt elf Geschwistern. Als Kind, kaum älter als Du jetzt, ist er jeden Tag acht Kilometer zu seiner Lehrstelle gelaufen, vom Bauernhof der Eltern bis ins nächste Dorf. Morgens acht Kilometer hin und mittags acht zurück. Allein. Pauls Weg führte über Wiesen und durch Wälder, im Winter durch tiefe Finsternis. Wenn der Mond nicht schien, hat sich Paul durch die Spuren der Pferdewagen vorangetastet. Das war bestimmt kein Spaß. So viel Frost und Furcht und Einsamkeit.

Paul war Dein Urgroßvater.

Leider starb Paul, bevor Du geboren wurdest, übrigens als ausgeglichener und ausgleichender Mann, lebensklug durch Erfahrung und dankbar für alles Erlebte. Man könnte auch sagen: ein lässiger Kerl. Wie aufregend wäre es, wenn wir beide Paul befragen könnten: Was war damals für Kinder anders als heute? Was war schlechter? Was war besser?

Seit ich diesen Brief schreibe, denke ich wieder öfter an Paul. Denn heute sehe ich die Eltern in unserer Stadt ihre Kinder mit dem Auto zur Grundschule bringen, manchmal nur 500 Meter weit. Der Paul von heute gleitet eingekapselt durchs Leben, hinter verdunkeltem Autoglas, klimaanlagengewärmt, festgeschnallt im Kindersitz.

Seit einigen Jahren kleben an den Kofferraumklappen vieler Autos knuddelig-kitschige Comiczeichnungen, die kleine Kinder in Windeln oder mit Kronen zeigen. Darunter steht *Felix on board*, *Melina on tour* oder auch *Max, the little checker*. Das ist neu. Früher klebten auf Autos Anti-Atomkraft-Aufkleber, Elch-Silhouetten oder Preußische Adler – je nach Geisteshaltung des Besitzers. Heute sind Kinder etwas zum Herzeigen, etwas sehr Schützenswertes sowieso. Wozu sollten ihre Namen auch auf einem Auto kleben, wenn nicht als Appell an die anderen Fahrer, vorsichtig zu sein? Oder erzählen die Aufkleber, dass das Auto zum ersten Lebensraum der Kinder geworden ist?

Gut möglich, dass all diese Aufkleber für mehr Aufmerksamkeit stehen, als Dein Urgroßvater Paul jemals erfuhr – aber auch für mehr Misstrauen, glaube ich.

Felix on board? So habe ich mir immer das einsame Leben von Diplomatenkindern im Ausland vorgestellt, in Pakistan oder im Sudan, wo die Mutter oder der Vater in der Botschaft arbeitet: ein umzäuntes Haus, morgens mit dem Auto zur Schule, mittags mit dem Auto zurück, dann Geige mit Privatlehrer oder Tennis auf der hauseigenen Sportanlage – inmitten einer fremden, von den Eltern mit Skepsis beäugten Welt. Aber zu Hause?

Wer sein Kind 500 Meter zur Schule fährt, drückt damit Misstrauen aus. Misstrauen gegenüber den Passanten auf diesen 500 Metern. Misstrauen gegenüber den Anwohnern auf diesen 500 Metern. Misstrauen gegenüber den anderen Schülern auf diesen 500 Metern.

Und Misstrauen gegenüber dem eigenen Kind. Nein, anders: Misstrauen gegenüber der Kindheit. Als etwas Zeitraubendes, Unproduktives, Unnützes.

Was ich damit meine? Wer sein Kind von Tür zu Tür transportiert, verliert keine Zeit. Wer sein Kind von Tür zu Tür transportiert, verhindert, dass es auf „dumme Gedanken" kommt. Wer sein Kind von Tür zu Tür transportiert, hat größeren Einfluss darauf, wen es trifft und wen es nicht trifft. Wer sein Kind von Tür zu Tür transportiert, stellt es unter Daueraufsicht von Erwachsenen und schließt so

– „klack!" – die Kindheit aus. Jene Kindheit jedenfalls, die außerhalb von Kinderzimmern, Kindergärten, Kindergeburtstagen, Kinderturnen und Kindersitzen stattfindet – zum Beispiel auf einem Schulweg von 500 Metern: Was könnte ein Grundschulkind da, ohne Eltern, nicht alles machen? Es könnte trödeln. Im Regen stehen. Ins Schwitzen kommen. Nicht auf die Fugen zwischen den Gehwegplatten treten. Schimpfwörter testen. Sich streiten. Sich wieder versöhnen. Eine Bande gründen. Klingelmännchen spielen. Kastanien sammeln. Popel schnipsen. Jungs ärgern. Mädchen ärgern. Aber was weiß ich denn schon – ich bin ja erwachsen.

Für ein Kind, das vergessen wir Eltern leicht, ist der Schulweg manchmal die letzte freie Zeit zwischen einem Vormittag unter erwachsenen Lehrern und Erziehern und einem Nachmittag unter erwachsenen Eltern und Trainern. Es gibt schon einen Fachbegriff dafür: „Scharnierzeit". Die kleine, kurze Freiheit in der Umkleidekabine, auf dem Schulweg, in der Freistunde, wenn ein Lehrer krank ist.

In einer Grundschule im feinen Hamburger Rotherbaum-Viertel fordern Eltern trotzdem eine extra Auto-Ausstiegs-zone für ihre Kleinen – weil sie sich morgens gegenseitig mit ihren Geländewagen blockieren. Die Eltern sprechen von *Kiss-and-go*-Arealen und von *Drop-off*-Zonen, zusätzlichen Haltebuchten, in denen sie ihre Kinder ausladen können. *Kiss and go* und *drop off*: Das ist die Sprache gehetzter Vielflieger. Am Flughafen wird beim Drop off das Gepäck abgegeben.

Vielleicht ist das ein verwegener, leichtsinniger Gedanke: Aber es könnte doch sein, dass in der Entscheidung, sein Kind nicht zur Schule zu bringen und nicht von der Schule abzuholen, mindestens so viel Zuneigung und Fürsorge steckt wie darin, mittags mit dem Auto vor dem Schultor zu warten und das Kind mit den üblichen Fragen zu empfangen: „Na, wie war's?", „Was habt Ihr Neues gelernt?", „Hast Du Hausaufgaben auf?"

Ich bin gerade mal zum Spielplatz in unserer Straße gelaufen und habe gezählt: acht Kinder, elf Mütter und Väter.

Ich habe mir die Gärten in unserer Nachbarschaft zum ersten Mal bewusst angesehen: Auf fast jedem Grundstück steht ein eigener Spielplatz. Sandkasten, Schaukel, Trampolin für ein oder zwei Kinder. In dem Haus mit den meisten Spielgeräten im Garten wohnt das einsamste Kind unserer Gegend.

Und jetzt fällt mir auf: Es gibt – vielleicht abgesehen von der Skateboardbahn – in unserer Stadt kaum noch einen

Sammelplatz, an dem Du sicher sein kannst, ohne Verabredung, ohne Aufsicht und ohne Geld ausgeben zu müssen andere Kinder zu treffen. Einen Ort, an dem sich Einsamkeit in Gemeinschaft verwandelt und Langeweile in Abenteuer.

Oder kenne ich diesen Ort nur nicht? Das wäre mir am liebsten.

Spätestens an dieser Stelle kann man mir entgegenhalten: Aber all die Gefahren! Alle elf Minuten wird heute in Deutschland ein Kind bei einem Unfall verletzt. Nur nebenbei: Ich bezweifle, dass es früher weniger war. Es hat bloß niemand mitbekommen, falls Dein Urgroßvater Paul sich auf seinem vereisten Schulweg die Rippen geprellt oder beim Schnitzen in den Finger geschnitten haben sollte.

Der Schriftsteller Erich Kästner, von dem Du *Das doppelte Lottchen* kennst, hat zu diesen alltäglichen Gefahren einmal gesagt: „Seien wir ehrlich: Das Leben ist immer lebensgefährlich."

Dieser Satz klingt heute schockierend kalt, als wären Kästner Kinder egal – dabei war der einer der größten Kinderversteher aller Zeiten!

Janusz Korczak, ein etwas aus der Mode gekommener Pädagoge, beschrieb das Problem einer Kindheit unter Dauerbeobachtung so: „Aus Furcht, der Tod könnte uns das Kind entreißen, entziehen wir es dem Leben."

Mit bester Absicht haben wir Erwachsenen Eure kindlichen Welten besetzt. Als einer meiner Kollegen seine Kinder im Berliner Brachland ein Baumhaus zusammennageln ließ, erstattete irgendjemand Anzeige. Das Ordnungsamt kam. Es sperrte die kleine Kinderbaustelle mit der Begründung, die Kinder hätten die Bäume „verletzt" – und sich selbst womöglich auch. In den USA werden auf einigen Spielplätzen jetzt Schaukeln und Rutschen abmontiert – sie gelten als zu gefährlich.

Ich habe einen Professor für Soziologie angerufen. Soziologen erforschen, warum die Gesellschaft so ist, wie sie ist. Warum wir so leben, wie wir leben. Der Professor heißt Hartmut Rosa. Er ist fast fünfzig Jahre alt, hat aber noch nicht vergessen, wie es ist, ein Kind zu sein.

Hartmut Rosa sagt, er macht sich Sorgen, weil wir Euch keine Zeit lassen. Dass alles einen Zweck hat, einen Sinn erfüllen muss. Er nennt das „Vernutzung" der Kindheit.

Hartmut Rosa sagt, dass wir Euch sogar dann, wenn wir Euch als Kindern Gutes tun wollen, bloß wieder auf ein Leben als Erwachsene vorbereiten. „Es ist wichtig, körperlich fit zu sein und musikalisch, gesund zu essen, Freunde zu haben – und sich entspannen zu können!", sagt er. Deshalb gibt es schon Yoga für Dreijährige. Hartmut Rosa will aber, dass wir Erwachsenen Euch Kinder endlich in Ruhe lassen. Ein Kind soll im Jetzt leben und nicht dauernd ans Morgen denken. Ein Kind soll ganz bei sich sein dürfen, nicht für andere da sein müssen. Ein Kind soll die Muße haben, mit etwas zusammenzuwachsen, was uns Erwachsenen völlig unwichtig erscheint. Das kann ein Kletterbaum sein, eine Sackgasse, ein Fußballplatz, ein Tier.

An dieser Stelle möchte ich Dir noch ein Geheimnis verraten, Sophie: Als Du – unter dem ersten Schreck der Zeitnot – das Gitarrespielen aufgegeben hast, fanden wir Eltern das gar nicht so schlecht, weil das Dein erstes kleines Aufbegehren gegen die Ansprüche von uns Erwachsenen gewesen ist. Außerdem wollten wir, dass Du weiter Basketball spielst. Da erlebst Du keine Sitzkindheit. Da erschließt Du Dir die Welt auf körperlich-sinnliche Weise. Da bist Du keine Einzelkämpferin.

Kann sein, dass das trotzdem falsch war. Eigentlich sollte sich ein Mensch Glück, Erfahrung und Selbstbewusstsein ja auf möglichst vielen Feldern holen. Dann stört es ihn nicht so, wenn es in einem der Bereiche mal nicht läuft. Genau deshalb hat ein Flugzeug auch mehrere Triebwerke. Wenn eines ausfällt, stürzt es nicht gleich ab. Aber vielleicht ist die Welt schon so verdreht, dass man einem Kind mit dem Verhindern von Hobbys tatsächlich mehr Stabilität gibt als mit dem Ermöglichen.

Hartmut Rosa fordert jedenfalls: Ihr Kinder müsst Euch wieder langweilen dürfen. Denn irgendwann wird aus Langeweile Bewegung, ein Stromern und Streunen, das ziellos ist und doch an tausend Orte führt. Den schönsten Augenblicken der Kindheit geht die Langeweile voraus. Wer Langeweile hat, kommt auf die verrücktesten Ideen. „Die allermeisten Menschen würden im Rückblick doch sagen: Die endlos langen Sonntagnachmittage, an denen eigentlich nichts passierte, waren die Momente, in denen ich meine Seele spürte. In denen ich lernte, mich selber zu ertragen." So sagt es Hartmut Rosa.

Ganz sicher ist der Rückblick in die eigene Kindheit weichgezeichnet und ziemlich gefühlsduselig. Wenn ich an früher denke, sehen meine Erinnerungen so aus: Ich bin groß geworden in einer Welt, in der es nicht pausenlos piepte und ploppte, in der niemand twitterte und livetickerte, in der Computer dick und braun waren wie

Brotkästen und nur bei pickligen Stubenhockern in verdunkelten Kinderzimmern standen. Meine Eltern haben keine Verabredungen für mich getroffen. Wenn ich mit jemandem spielen wollte, habe ich auch keine Klassenliste abtelefoniert, sondern beim Nachbarn geklingelt und gefragt: „Kommt der Christian raus?"

Als Fünftklässler habe ich endlose Nachmittage in der festen Überzeugung verbracht, der berühmte Fußballspieler Karl-Heinz Rummenigge zu sein – auch wenn ich meinen Lederball nur gegen Garagentore drosch. Mal allein, mal mit Freunden, mal mit fremden Jungen aus fremden Vierteln, rauen Burschen mit rauer Sprache, Hauptschülern, die der Zufall in meine Straße geführt hatte. Ich hatte Gelegenheit, mich auf aufregende Weise zu langweilen und mir jede Menge einzubilden! Jeden Schritt, jeden Schuss kommentierte eine innere Reporterstimme: „Was für eine Körpertäuschung! Mit diesem Volleykracher sichert sich Rummenigge die Torjägerkanone! Inter Mailand hat hundert Millionen für ihn geboten!" Von der siebten Klasse an war ich dann Boris Becker, Tennisstar, der Jahr für Jahr im Finale von Wimbledon gegen eine bis dahin unbesiegte Brandmauer antrat. Ich ließ vor meinem Aufschlag den Ball auftitschen wie Becker. Ich leckte meine Lippen wie er. Ich schälte sogar meine Bananen wie er. „6:1, 6:0, 6:1!", brüllte die innere Reporterstimme jetzt, „Boris Becker gewinnt zum dritten Mal in Folge Wimbledon! Und da überreicht ihm die Herzogin von Kent auch schon den goldenen Pokal!"

Klingt bescheuert, oder? Aber als Kind habe ich mir Baugenehmigungen für Luftschlösser erteilt. Wenn ich an früher denke, schlendere ich in grotesker Selbstüberschätzung als Fußballgott und Tenniskönig durch gleißend helle Nachmittage. Ich habe immer Zeit. Und es ist immer Sommer. Ein größeres Kompliment kann die Erinnerung der Kindheit nicht machen.

Selbst wenn meine Erinnerungen nicht real sind, also nicht wirklich, Sophie, so sind sie doch relevant, also bedeutsam für mich. Weil sie mich so, wie sie sind, bis heute begleiten. Ich habe sie gerne bei mir.

Wir Erwachsenen sind stolz auf diesen Glücksspeicher in unserem Gedächtnis. Wir schwärmen Euch vor von unseren persönlichen *Huckleberry Finn*-Abenteuern und unserer *Pippi Langstrumpf*-Aufmüpfigkeit, aber unsere eigenen Kinder erziehen wir lieber wie Thomas und Annika. Das ist ungerecht.

Jetzt muss ich Dir unbedingt von Kirsten Boie erzählen, der Kinderbuchautorin. Du kennst den *Ritter Trenk* von ihr, auch die *Kinder im Möwenweg*. Davor hat sie ein Buch geschrieben, das Du nicht kennst. Es heißt: *Mittwochs darf ich spielen*. Immer dieser Mittwoch!

Das Buch handelt von Fabia, einem wohlbehüteten Mädchen mit allerlei Programm: montags Ballett, dienstags Flöte, donnerstags Tennis, freitags Hockey. Nur mittwochs ist nichts. So und nicht anders kennt sie es. Eines Tages verreisen ihre Eltern und eine schrullige Tante passt auf Fabia auf. Die Tante hat keine Lust, Fabia andauernd herumzufahren und überlässt das Mädchen sich selbst. Erst ist Fabia irritiert, sogar wütend, weil sie ja Ballett, Flöte, Tennis und Hockey verpasst. Dann fängt sie an, herumzustromern und trifft an einem seltsamen Haus ein Mädchen mit einem sonderbaren Namen: Bruno. Bruno ist jünger als sie, ihre Eltern sind ärmer. Dafür kann Bruno alleine Tee kochen, seit sie fünf ist. Sie hat keine Angst vor Mäusen. Und sie hat ein Baumhaus.

Du kannst es Dir denken, Sophie: *Mittwochs darf ich spielen* handelt von einer Befreiung.

Ich habe Kirsten Boie getroffen und sie zu diesem Buch befragt. Ich wollte wissen, was für Reaktionen es darauf gab. Weißt Du, was sie mir verraten hat? „Ich glaube, es gab keine." *Mittwochs darf ich spielen* ist eines ihrer am wenigsten verkauften Bücher, vielleicht sogar das am allerwenigsten verkaufte. All die fürsorglichen Eltern haben es in den Buchläden liegenlassen. Man kann sagen: Sie wollten ihren fabiahaften Kindern diese Geschichte nicht vorlesen. Ist das nicht ein Ding?

Natürlich rätsele ich jetzt: Warum, verflixt, fehlt dieses Buch auch in unserem Regal? Wie viel Fabia und wie viel Bruno warst Du in den ersten zwölf Jahren Deines Lebens? Wie wird Dein Erinnerungsschatz einmal aussehen, wenn Du erwachsen bist? Wird Deine Kindheit im Rückblick draußen oder drinnen spielen? Werden mehr Kinder oder mehr Erwachsene durchs Bild laufen? Wirst Du Dich an Abenteuer entsinnen können, an Überraschungen und Unverhofftes? Wie viel von all dem, an das Du Dich erinnerst, wirst Du selbst entschieden haben? Welches Wetter wird im Rückblick herrschen? Wird es überhaupt Wetter geben?

Das Wetter ist in meinen Erinnerungen so wichtig, weil ich mir — bei aller Unsicherheit — in einer Sache sicher bin: Der Takt meiner Tage wurde öfter vom Wechsel zwischen Sonne und Regen bestimmt und mein Spielen und Stromern eher von der Dämmerung beendet als von irgendwelchen Terminen.

Ich habe mal gerechnet, nur was die Vormittage angeht, weil das leichter zu fassen ist: Du wirst in den Schulklassen fünf bis zwölf 1200 Stunden mehr Schule haben, als ich im selben Zeitraum hatte. Denn die hatte ich ja im dreizehnten Schuljahr. 1200 Schulstunden! Der Bundespräsident, von dem ich Dir erzählt habe, wird das als „geschenkte Lebenszeit" betrachten. Für mich sind es 1200-mal 45 Minuten geraubte Kindheit. Das sind 600 Fußballspiele. Das ist die Zeit, in der ich Karl-Heinz Rummenigge und Boris Becker war. In der ich zum Golfplatz radelte und eine Handvoll Bälle klaute, weil ich das für rebellisch hielt. In der ich mir ein Segelboot aus Holz baute, das dann leider auseinanderfiel. Erfahrung entsteht nur beim Gehen von Umwegen, heißt es. Ich hatte Zeit, um Zeit zu verschwenden! Mich zu irren. Fehler zu machen. In eine Sackgasse zu laufen und wieder zurückzugehen. Und auch: Verbotenes zu tun. Der damit verbundene Rausch prägt ein Kind genauso wie hundert brav gelernte Vokabeln.

Mach ruhig mehr Fehler, Quatsch, Unsinn, Sophie! Sachen, die uns Erwachsenen nicht gefallen.

Klar ist es albern, wenn ausgerechnet ein Vater seine Tochter zum Mistmachen auffordert. Viel besser ist es, wenn ein Kind von alleine darauf kommen kann. Uns Eltern, nicht Euch Kindern, hat der Soziologe Hartmut Rosa deshalb Hausaufgaben aufgegeben: „Es muss Nachmittage geben, an denen nichts im Terminkalender steht. Oder an denen *NICHTS!* im Terminkalender steht."

Wie komisch das klingt! Statt nichts „NICHTS!" in Deine Spalte im Familienkalender zu schreiben. Ich finde, es drückt ganz gut den Zwiespalt aus, in dem wir Eltern zu sein glauben: Es wäre falsch, Euch Kinder komplett entgegen der Erwartungen der Welt, so wie sie ist, zu erziehen. Es ist unsere Aufgabe, Euch auf das Leben als Erwachsene vorzubereiten – aber auch, Euch die Kindheit zu erhalten. Wir Eltern müssen lernen, gegen uns selbst anzuarbeiten. Wir müssen lernen, Euch vor unseren eigenen Ansprüchen zu schützen. Am besten schlägt man sich da mit den eigenen Waffen – und schreibt „NICHTS!" in den Terminkalender.

Ein „Zuviel an Zuwendung", eine „Vernutzung von Kindheit" und ein „NICHTS!" im Terminkalender ... da bin ich schon wieder viel zu theoretisch geworden, Sophie. Ich versuche es mit Beispielen aus Deinem Leben: Wir waren mit Dir in den vergangenen zwölf Jahren bei der Babymassage, beim Babyschwimmen, beim Prager Eltern-Kind-Programm, beim Kinderturnen und bei der musikalischen Früherziehung. Wir haben Dich zum naturwissenschaftlichen Kinderlabor gebracht, zum Ballett, zum Gitarrenunterricht, zum Reiten, zum Malen und zum Basketball. Was davon hast Du gut in Erinnerung und was nicht?

Wann haben wir Dich dafür aus dem Spiel gerissen? Und was denkst Du, wenn Dein kleiner Bruder aus der Schule kommt und fragt: „Habe ich heute Zeit zum Spielen?"

Ich finde daran zwei Dinge interessant. Erstens: So beiläufig, wie er das fragt, scheint er es normal zu finden, dass Spielen für einen Siebenjährigen wie ihn nicht mehr selbstverständlich ist. Zweitens: Er scheint Fußball, Schwimmkurs oder Kindergeburtstage – seine „Termine" also – nicht als „Zeit zum Spielen" zu verstehen.

Das ist noch ein Widerspruch in meinem Brief. Erst mache ich mich über Leute lustig, die sagen, dass früher alles besser war – und jetzt behaupte ich, Kindheit heute ist komplizierter als damals. Stimmt das überhaupt? Vielleicht ist sie ja nur anders.

Ich habe mit Lia Karsten gesprochen. Lia Karsten ist eine Sozialgeografin aus den Niederlanden. Sozialgeografen untersuchen, wie wir Menschen uns in der Welt bewegen und wie wir die Welt dadurch verändern. Sie haben Spannendes herausgefunden, was den Alltag von Euch Kindern angeht:

Anfang der Siebziger Jahre, als ich geboren wurde, ging fast jeder Erstklässler alleine zur Schule, heute nicht mal mehr jeder Fünfte.

Vor vierzig Jahren durften zwei Drittel der Sieben- bis Elfjährigen in Deutschland allein draußen Fahrrad fahren. Vor zehn Jahren war es nur noch ein Viertel.

In derselben Zeit hat sich der „Streifradius" von Grundschülern – also das Gebiet, in dem sie alleine herumstreunen dürfen – von zwanzig auf vier Kilometer verkleinert. Ich weiß nicht, was mich mehr erstaunt: Dieses Schrumpfen Eurer Alltagswelt – oder dass mir vier Kilometer immer noch gefährlich viel vorkommen.

Nach einer Studie aus England spielt ein Drittel aller Kinder bis zu zehn Jahren „nie ohne Aufsicht Erwachsener im Freien".

Nach einer schon etwas älteren Umfrage des Deutschen Jugendinstitutes trifft sich nur noch knapp ein Viertel aller Kinder nach der Schule „mit drei oder mehr Freunden". Und im *Bericht zur Lage der Kinder in Deutschland* von UNICEF heißt es: „Kinder aus Familien der unteren Einkommensschichten spielen ... viel häufiger mit mehreren Kindern als Kinder aus Haushalten der Bessergestellten. Aus Familien der untersten Einkommensgruppe spielen Jungen doppelt so oft, Mädchen dreimal so häufig in größeren Gruppen als Kinder aus Familien der höchsten Einkommensgruppe."

Wenn ein Kind keine Zeit hat, wenn seine Eltern es nie allein lassen, wann soll es sich dann noch darum bemühen, dass ein Nachbarskind sein Freund wird? Und warum auch? Und wenn Kinder reicher Eltern häufig alleine spielen, wie sollen sie dann Kinder armer Eltern kennenlernen? Oder Kinder, die sonst wie anders sind?

Lia Karsten hat mir erzählt, dass Zwölfjährige in ihrem Heimatland täglich zwar 17 Kilometer zurücklegen, davon allerdings 14 im Auto. „Die Mobilität der Kinder gleicht heute der von uns Erwachsenen", sagt sie. Die alte „Draußen-Kindheit" sei abgelöst durch eine „Rücksitz-Kindheit": Ihr streunt nicht mehr, lauft keinen vermeintlich sinnlosen Meter, denn jeder Weg hat ein Ziel. Lia Karsten nennt das eine „Verinselung" der Kindheit. Sie sagt, Ihr Kinder hüpft von Termin zu Termin, bewegt Euch zu vorgegebenen Zeiten in festen Bahnen – oder werdet bewegt. Oft zu Begegnungen, die von uns Eltern arrangiert wurden, die als Event gestaltet sind, einen klaren Anfang und ein klares Ende haben. Ihr seid kaum noch draußen in der ungeordneten Natur, wo Ihr die Welt für Euch selbst ordnen könntet, als kleine Schöpfer. Immer ist da eine Turnhalle, ein Trainer – und ein Telefon, mit dem ein Kind seine Eltern anrufen kann, wenn der Terminplan durcheinandergerät oder ein Streit zu schlichten ist.

Je länger ich Dir schreibe, Sophie, desto irrer kommt mir vor, was ich bislang für normal hielt.

Wann ist Dir zuletzt eigentlich mal etwas Unvorhergesehenes passiert?

Wie oft bist Du – weit weg von zu Hause und ins Spiel versunken – in ein Sommergewitter geraten?

Wann hattest Du die Chance, Dich zu verlaufen? Vor irgendjemand wegzurennen? Dich selbst aus der Klemme zu befreien?

Gibt es außerhalb Deines Zimmers einen Ort, der nur Dein Reich ist?

Und wenn Du der Sozialgeografin Lia Karsten eine Landkarte zeichnen würdest, einen Atlas Deiner Kindheit, wie würde der aussehen? Wären da nur Wege, Schulhöfe und Turnhallen? Oder auch Wälder und Wasser, Geheimnisse und sogar Gefahr?

Schielst Du auf das Ende meines Briefes, Sophie? Oder kommst Du noch mit auf einen der Umwege, von denen ich Dir erzählt habe? Hast Du Lust auf dieses Herumstromern, bei dem man manchmal an einen Punkt gelangt, auf eine

Anhöhe, von der aus die Welt ganz anders aussieht? Wo Du dann vielleicht stehst und denkst: „Was erzählt mein Vater hier für einen Scheiß?"

Mein Brief ist ja kein Schulbuch, erst recht enthält er keine unumstößlichen Wahrheiten, keine klaren Formeln, kein $a^2 + b^2 = c^2$. Ich schildere Dir nur die Welt, wie ich sie sehe, wie sie sich für mich aus all den Mosaiksteinen zusammenfügt. Mehr zu behaupten, wäre gelogen.

Von so einem Aussichtspunkt ganz weit oben, kannst Du auch in die Geschichte schauen, in Zeiten, in denen ganz anders über Kinder gedacht und geredet wurde als heute. Der französische Historiker Philippe Ariès hat zum Beispiel einmal gesagt: „Was wir Kindheit nennen, hat es nicht immer gegeben." Erst seit ungefähr zweihundert Jahren leben Eltern und Kinder als Kleinfamilie allein unter einem Dach – und damit all die Aufmerksamkeit und all der gute Wille. Wie wichtig Kinder heute für das Seelenleben ihrer Eltern sind, erkennst Du ja mit einem einzigen Blick in unsere Fotoalben: Seit wir die Schwangerschaftstests fotografierten, sind da fast nur noch Bilder von Euch. Auf den Hinterlassenschaften früherer Jahrtausende – auf Höhlenwänden, antiken Vasen und mittelalterlichen Gemälden – gibt es so gut wie keine Kinder zu entdecken; von Jesus einmal abgesehen.

Bis ins späte Mittelalter galten Kinder, sobald sie ohne Hilfe ihrer Mutter oder Amme auskamen, als Erwachsene. Das war mit ungefähr sieben Jahren! Es gab keine Schulen oder Kindergärten. Die Idee einer Schonzeit, die Vorstellung, dass Kinder geformt und bewusst betreut werden müssten, war den Leuten fremd. Kinder trugen die gleiche Kleidung, spielten die gleichen Spiele, aßen das gleiche Essen, erledigten die gleiche Arbeit wie Erwachsene – und lebten manchmal unter grausamen Bedingungen. Sie wurden wegen Armut ausgesetzt, als Diener an reiche Familien verkauft, geschlagen, ausgebeutet, ignoriert.

Noch vor hundert Jahren fehlte es oft an Wohlstand und Wissen für das, was wir heute eine „gute Kindheit" nennen. Und viele Krankheiten waren stärker als die Medizin. Von den zehn Geschwistern Deines Urgroßvaters Paul starben fünf, bevor sie erwachsen wurden.

Im Zentrum der Aufmerksamkeit, im Mittelpunkt der Gefühle der Eltern, abgesichert durch Impfungen, Jugendsparpläne und Ausbildungsversicherungen stehen Kinder erst, seit sie eine Rarität geworden sind.

Erstaunlich ist, wie grundverschieden wir Erwachsenen auf Euer Leben blicken, Sophie. Die einen sehen die Entdeckung der Kindheit als Gewinn, die anderen als Verlust.

Wegen all der Gleichgültigkeiten und Grausamkeiten im Mittelalter sagt der amerikanische Psychologe Lloyd deMause: „Die Geschichte der Kindheit ist ein Alptraum, aus dem wir gerade erst erwachen." Philippe Ariès sah das ganz anders: „Die Besorgnis der Familie ... hat dem Kind die Freiheit genommen. Sie hat ihm die Zuchtrute, das Gefängnis, all die Strafen beschert, die den Verurteilten der niedrigsten Stände vorbehalten waren. Doch verrät diese Härte, dass wir es nicht mehr mit der ehemaligen Gleich-gültigkeit zu tun haben: Wir können viel mehr auf eine besitzergreifende Liebe schließen, die die Gesellschaft seit dem 18. Jahrhundert beherrschen sollte." Ariès erscheint es so, als ob die Familie, wie wir sie kennen, für Kinder nichts anderes ist als ein gut getarntes Gefängnis.

Ich glaube Philippe Ariès nicht. Ich glaube Lloyd deMause, der die Geschichte der Kindheit als Entwick-lung zum Besseren erzählt. Ihr werdet nicht mehr mit der „Zuchtrute" geschlagen. Und ein Gymnasium ist alles andere als ein „Gefängnis". Aber weil ich mehr und mehr den Eindruck habe, dass Ariès derzeit doch ein bisschen Recht bekommt, schreibe ich diesen Brief. Angesichts Eurer Überforderung durch unsere Überförderung.

Ich habe noch mal gegoogelt. Das Wort „Baby" und die Förderungsfloskel „nicht früh genug anfangen". Als Eltern eines Neugeborenen kann man demnach heutzutage „nicht früh genug anfangen" mit: Vermögensanlagen, dem Töpfchen, gesunder Ernährung, Schwimmen, Rechnen, Babychinesisch, Babyturnen, Ayurveda, Babyyoga, Babypilates, Hundegewöhnung, Konflikttraining, der Gesundhaltung der Füße, Musik, Percussion und Englisch lernen.

Und weil man „nicht früh genug anfangen" kann, verkauft die amerikanische Firma BabyPlus inzwischen ein *prenatal education system*. Es ist schwierig, das zu übersetzen, weil jeder Versuch unsinnig klingt. Wörtlich müsste man wohl „Vorgeburtliches Bildungssystem" sagen.

Was das ist?

Ein Babybauch-Beschaller. Ein breiter Gürtel, den die schwangere Mutter sich um den Bauch schnallt und der Töne abspielt, die das Baby — zusätzlich zu allen Alltags- und Umweltgeräuschen — inspirieren sollen.

In Amerika wirbt eine schöne, schlanke Frau namens Shannon Miller für dieses *prenatal education system*. Sie war einmal Kunstturnerin, hat bei den Olympischen Spielen Gold gewonnen und später Betriebswirtschaft studiert. In der Werbung sagt sie: „Wie alle Eltern wollen auch wir unserem Sohn jede Möglichkeit und Unterstützung geben. BabyPlus hilft uns dabei."

„Wie alle Eltern", sagt sie. Und das ist nicht gelogen. Weil ja wirklich jede Mutter und jeder Vater ihr Kind so gut es geht aufs Leben vorbereiten wollen. Wenn alle anderen das auch machen und das Leben ein Wettlauf ist: Warum dann nicht noch ein bisschen früher anfangen? So wird schon die Fruchtblase zum Trainingscamp.

Die Firma BabyPlus schreibt auf ihrer Internetseite, mit dem Bauchgürtel erreichten Kinder „die typischen Entwicklungsmeilensteine schneller, verfügen über breitere intellektuelle Fähigkeiten, längere Aufmerksamkeitsspannen, verbesserte Schuleignung und größere Kreativität und Unabhängigkeit." Die Firma hat übrigens den Slogan *Babies are born to learn*: Babys werden zum Lernen geboren.

Ich dachte, sie seien geboren, um zu leben.

Es gibt mittlerweile auch Unternehmen, die uns Eltern Geräte zur „Kinderortung" anbieten. In ihren Prospekten steht: „Stellen Sie sich doch einmal vor, Ihr Kind verläuft sich auf einem Streifzug durch den Wald oder geht ganz plötzlich in einer Menschenmenge bei einem Einkaufs-

bummel verloren. Nur einen Moment nicht aufgepasst ..."
Was dann?

Dann hieß es früher im Kaufhaus: „Die kleine Sophie sucht ihre Mutter." So viel Vertrauen war da – ins eigene Kind, dass es sich an eine Kassiererin wenden könnte. Und in die anderen Passanten, dass sie helfen würden.

Jetzt gibt es diese Geräte: Kleine Sender mit Satellitenempfang, die den Eltern immer verraten, wo ihre Kinder sind.

Eltern können eine maximale Entfernung zwischen sich und dem Kind festlegen – sobald die überschritten wird: Alarm!

Eltern können die Koordinaten des eigenen Gartens einspeichern – falls der verlassen wird: Alarm!

Eltern können den Verlauf des Schulweges eingeben – bei ein paar Metern Abweichung: Alarm!

„Schließen Sie den Empfänger an Ihrem Computer an", steht in einem der Prospekte, „und lassen Sie sich auf Google Earth in Echtzeit die Bewegungen Ihrer Kinder anzeigen."

Eines dieser vielen Geräte heißt einfach *iCare*: Ich kümmere mich. Wer sein Kind nicht überwacht, der kümmert sich auch nicht, soll das bedeuten.

In England, habe ich neulich gelesen, haben Eltern ihrer Tochter sogar einen Chip unter die Haut geschoben.

Gibt's nicht, oder?

Ich kannte so etwas bislang nur aus Science-Fiction-Filmen, aus Visionen von furchterregenden Überwachungsstaaten. Oder für Häftlinge, in Form von Fußfesseln. So etwas in der Art muss der Historiker Ariès gemeint haben, als er abfällig von unserer „besitzergreifenden Liebe" schrieb. Wenn er noch leben würde, könnte es gut sein, dass er heute von einer fürsorglichen Belagerung durch uns Eltern spräche. Von einer Diktatur des Gutgemeinten.

Was das ist, fragst Du Dich?

Das ist der Chip unter der Haut dieses britischen Mädchens. Das sind die Eltern-Eskorten auf Euren Schulwegen. Das sind lückenlos geführte Familienkalender. Und ich ahne, das ist ein bisschen auch mein Brief.

Irgendwie irre: Wir Eltern wissen fast alles von Euch, Ihr Kinder aber wenig von uns

Keine Sorge, Sophie! Wir haben Dir nie einen Sender mitgegeben, auch nicht heimlich in Deinen Ranzen gesteckt. (Ich bin Dir nur ein paar Mal nachgeschlichen in der Zeit, als Du dachtest, Du würdest allein zur Grundschule gehen. Ich wollte wissen, ob Du gut über die Ampel kommst.) Wir kennen auch sonst niemanden, der sein Kind mit Spionagetechnik überwacht.

Dieser Quatsch hat mit Deinem Leben nichts zu tun. Trotzdem beschreibe ich ihn hier. Damit Du weißt, zwischen welchen Extremen sich Erziehung bewegt: Eltern können ihr Kind ganz sich selbst überlassen oder wie einen Häftling überwachen. Beides ist dumm. Im Moment neigen viele Eltern eher zur Überwachungs-Dummheit.

Ich sehe jedenfalls dauernd, wie Eltern ihren Kindern bei irgendetwas zuschauen – aber selten, wie Kinder sich bei ihren Eltern was abgucken. Wenn Du ein Basketballspiel hast, sitzen wir am Rand. Wenn Du im Schulchor singst, kommen wir und filmen. Wenn Dein Malkurs seine Bilder präsentiert, sind wir Gäste dieser Ausstellung. Es ist Dein Wunsch und unser Wille, nichts daran ist schlimm – nur eins ist merkwürdig: Während Ihr Kinder in einer regelrechten Vorführkultur lebt, wird das, was wir Eltern tun, für Euch immer unsichtbarer. Wir verschwinden zur Arbeit, zum Einkaufen, zum Sport. Mein Beruf hat nichts Anschauliches, Du siehst mich telefonieren und auf Tasten tippen. Wenn ich mich mal mit jemandem streite, einem Kollegen vielleicht, bekommst Du davon nichts mit. Und zu meinen eigenen Fußballspielen fahre ich lieber allein, damit Du meine Fehlpässe nicht siehst.

Die direktesten Begegnungen mit mir als Vater hast Du selten, wenn ich *ich selbst* bin, der Ehemann, der Reporter, der Amateurfußballer. Am ehesten kennst Du mich als Zaungast Deiner Kindheit. Es ist wie mit dem Schwimmen, Sophie: Wir haben die Rollen getauscht! Ich schaue Dir zu, aber Du nicht mir. Dabei sollt Ihr Kinder ja auch durch Beobachten lernen. Aber was sollt Ihr bei Eltern beobachten, die Euch dauernd beobachten?

Vielleicht hättet Ihr Kinder mehr davon, wenn wir Eltern (anstatt Euch zur Schule zu bringen, zum Training zu fahren, bei Euren Auftritten zuzuschauen, Euch bei all dem zu loben, zu kritisieren und anzuspornen) öfter mal wir selbst wären und Ihr uns dabei zusehen könntet. Vielleicht bin ich als Vater, der beim Staudengärtner die Zeit vergisst, der zu feige ist, einen Elfmeter zu schießen, der beim Aufbauen eines Ikea-Regals einen Wutanfall bekommt, ein viel lehrreicherer Mensch für Dich, als wenn ich als Kommentator Deiner Kindheit auftrete.

Ich hoffe, für Dich nicht nur Frühförderer, Beobachter, Trainer zu sein, der alles ins Morgen hochrechnet. Sondern ein echtes Gegenüber im Hier und Jetzt, ein Mitmensch zum Streiten, Abgucken, Auslachen.

Wäre es nicht toll, Sophie, wenn Ihr Kinder einmal den Spieß umdrehen würdet? Ihr schaut uns Eltern beim Basketballspielen zu, seid Schiedsrichter, Trainer und Zuschauer, beobachtet uns, bestraft uns, belohnt uns, lacht uns aus. Wäre das was?

Du wirst wissen, warum dieses Spiel niemals zustande kommen wird, weshalb wir Erwachsenen uns davor drücken werden. Du erlebst es ja täglich: Wer beobachtet wird, wird auch bewertet. Das geht gar nicht anders. Wer im Klub statt auf der Straße Fußball spielt, bekommt bei jedem Schuss ein „Gut" oder ein „Schlecht" zu hören. Wer im Verein turnt statt im Garten, wird sich immer mit den Idealvorstellungen des Trainers messen müssen. Und wer einen Töpferkurs besucht anstatt im Matsch zu manschen, ist der Kreativlehrerin manchmal nicht kreativ genug.

Und wir beobachten Euch von Eurer Geburt an, auch wenn Ihr es nicht merkt. Glaub bloß nicht, ein Kind in Deutschland spielt nur, wenn es spielt! In unserem Bundesland gibt es schon für Vorschulkinder einen *Beobachtungsbogen zur Erstellung eines Entwicklungsprofils zum Übergang von der Kindertageseinrichtung in die Grundschule.* Ein langer Titel für einen dicken Katalog, in dem die Erzieherinnen und Erzieher ihre Eindrücke eintragen. „Das Kind arbeitet auf ein Ziel hin", „Das Kind weiß, wie man sich Infos, Wissen verschafft", „Das Kind startet neue Versuche, wenn eine Aufgabe misslingt". In Hamburg gibt es den *Mini-KEKS-4*, einen *Fragebogen zur Einschätzung von 4-jährigen Kindern*, in dem in 64 Teilbereichen die „Kompetenzen des Kindes" abgefragt werden – an erster Stelle und besonders ausführlich „Selbstkonzept und Motivation", also Leistungsbereitschaft: „Das Kind ist beharrlich und ausdauernd", „Das Kind zeigt Eigeninitiative", „Das Kind ist motiviert etwas zu schaffen oder zu leisten" und so weiter. Erst später – und deutlich knapper – geht es um das eigene Körpergefühl, um Musik und Kreativität.

Klar kann man denken: Solche Bewertungsbögen sind gut. Sie machen auf frühe Fehler aufmerksam und spornen die Erzieher an, den Kindern dann zu helfen.

Aber wenn ein Kind im Kindergarten nie ein Bild zu Ende malt oder beim Basteln immer Wutanfälle kriegt oder sich dauernd mit den anderen streitet, dann merken die Erzieher das doch sowieso, oder? Das haben die doch gelernt.

Rate mal, was ich deshalb glaube: Gute Erzieher und gute Lehrer brauchen diese Bögen nicht, weil sie selbst wissen, was gut und was schlecht ist für ein Kind. Weil sie eine eigene Idee davon haben, was ein gelingendes Leben ausmacht.

Aber was ist gut? Und was ist schlecht? Immer Dinkelbrot essen – oder auch mal Currywurst mit Pommes, weil's nun mal schmeckt? Immer Bücher lesen – oder zur Abwechslung auch mal Comics? Auf jeden Fall ein Musikinstrument lernen – oder sich unter Kopfhörern in Pubertätsträumen verlieren?

In unserer Zeitung stand dazu neulich ein Streitgespräch zwischen einem ziemlich strengen Pädagogen und einem eher weichen Familientherapeuten. Darin ging es um die

Frage, warum wir Erwachsenen so verkrampft sind, wenn es um die Erziehung geht. Warum wir diese Bewertungsbögen brauchen wie Spickzettel.

Und weißt Du was? Da waren sich die beiden unterschiedlichen Männer ziemlich einig! Der Weiche sagte: „Überall existiert das Alte nicht mehr. Es gibt keine Konzepte mehr in unserer Gesellschaft. Keiner sagt mehr: So macht man das und so nicht. Wir haben alle Extreme von Erziehungsstilen ausprobiert – kein Weg hat sich als der ideale erwiesen. Egal, ob autoritär, laissez faire, alles dazwischen, nichts funktioniert optimal." Und der Strenge meinte: „Die Menschen stehen vor der Herausforderung, ihr Leben mit Sinn füllen zu müssen, sie können nicht mehr auf Religionen oder Ideologien vertrauen, sie tun es zum Glück auch immer weniger. Durch Bildung sollen sie fähig werden, ihrem Leben Sinn zu geben, und der bezieht sich auf alles: Wie definieren sie ihr Glück, wonach wählen sie ihre Werte aus? Und: Wie erziehen sie ihre Kinder? Auch dafür gibt es keine übergeordneten Werte- oder Sinnsysteme."

Die beiden denken das weiter, was der Auto-Professor gemeint hatte. Für ein Kind übersetzt, könnte das heißen: Früher war die Welt der Familien viel kleiner und enger. Zum Beispiel wusste der Bauernsohn, dass er später selbst

Bauer werden würde – der Bauer wusste das auch und erzog seinen Sohn entsprechend. Früher glaubten Mütter und Väter auch noch der Kirche, wenn die sagte, was gut und was schlecht für die Jugend sei. Und wie die Kinder auf der anderen Seite der Erde erzogen werden, ob sie länger oder kürzer zur Schule gehen und langsamer oder schneller lernen, konnte niemand wissen.

Das ist heute anders. Und dass es anders ist, ist erst einmal gut. Denn nicht jeder Bauernsohn wollte Bauer werden. Die Kirche hat sich oft geirrt. Und es ist ein Geschenk zu wissen, was hinter dem Horizont passiert.

Allerdings fragen sich Eltern, Erzieher und Lehrer heute: Was gilt, wenn nichts mehr gilt? Wenn so viel falsch war, wie macht man es dann richtig?

Das hatten die beiden Männer im Streitgespräch gemeint: Wenn wir der Kirche nicht mehr glauben, und wenn die erfahrene Oma, die den gestressten Eltern das schreiende Baby aus dem Arm nehmen könnte, 500 Kilometer weit weg wohnt, und wenn alle Versuche von einer Total-Streng-Erziehung bis zu einer Total-Lässig-Erziehung mehr Probleme als Lösungen zur Folge haben, dann ist da plötzlich ein Loch, und wir Erwachsenen stehen ratlos davor.

Bei uns zu Hause kannst Du das daran merken, dass wir Dir Fragen stellen in Momenten, in denen wir Dir klare Ansagen machen müssten:

„Meinst Du nicht auch, es wäre mal an der Zeit, ins Bett zu gehen?"

„Wann hast Du eigentlich das letzte Mal Dein Zimmer aufgeräumt?"

„Willst Du nicht lieber noch eine Scheibe Brot essen anstatt dieses Labber-Toasts?"

Das klingt alles sehr freundschaftlich. Aber jetzt, da ich diesen Brief schreibe, begreife ich: Wir reichen Fragen, die wir Eltern beantworten müssten, einfach an Euch Kinder weiter. Auch mein Brief ist ein Beispiel dafür. Er ist ja voll von diesen Fragen.

Der Kinder- und Jugendpsychiater Michael Winterhoff meint, dass genau deshalb „die Kindheit als eigenständige, wunderbare Entwicklungsphase des Menschen mehr und mehr abgeschafft wird". Winterhoff hat eine Praxis in Bonn, nebenher schreibt er Bücher über seine Erlebnisse als Arzt. In seinem neuesten Buch berichtet er von einem „Rollback ins Mittelalter". „Rollback" heißt soviel wie Rückfall, Rückwärtsentwicklung. Der Psychiater meint damit: Wir Eltern und Ihr Kinder tragen wieder die gleiche Kleidung, spielen wieder die gleichen Spiele und erledigen wieder ähnlich viel Arbeit. Wir ziehen alle Jeans und Turnschuhe an, kaufen gemeinsam ein bei H&M, spielen zusammen auf der Wii und lesen dieselben *Harry-Potter*-Romane.

Schlimm?

Diese Komplizenschaft fühlt sich wunderbar an, solange wir Eltern mit Euch spielen, lesen, kochen, Filme gucken oder einfach Quatsch machen – aber sie wird heimtückisch, wenn Ihr Kinder das leisten und erledigen müsst, was eigentlich Aufgabe von uns Eltern ist. Wenn wir Eure Kinderjahre mit Erwachsensein vollstopfen, mit unseren Maßstäben von Erfolg, Zweck und Nutzen. Dazu noch mal Erich Kästner, weil der das viel schöner gesagt hat: „Dass wir wieder werden wie die Kinder, ist eine unerfüllbare Forderung. Aber wir können zu verhüten versuchen, dass die Kinder werden wie wir."

Wir aber machen gerade das Gegenteil! Darum geht es in diesem Brief: Viel zu selten sehen wir in Euch das Kind, das Ihr gerade seid – und viel zu oft den Erwachsenen, der

Ihr einmal werden sollt. Und weil wir gerade keine freudige Vorstellung von der Zukunft haben, keine gemeinschaftliche Idee, sehen wir Euch dort als Einzelkämpfer.

In Berlin hat der amerikanische Bildungskonzern *FasTracKids* – übersetzt: Kinder auf der Überholspur – vor einigen Jahren eine Vorschule eröffnet. Für Mädchen und Jungen ab zwei. Sie werden dort in Technologie, Ökonomie, Rhetorik und Kommunikation unterrichtet, ein Fach heißt „Ziele und Lebensstrategien". Auch in den Elite-Kindergärten von *Little Giants* – auf Deutsch: kleine Riesen – lernen die Kinder schon das Rivalisieren, also den Wettbewerb und das Vergleichen, bevor sie das Miteinander erlebt haben.

Wir ordnen Eure Gegenwart einer Zukunft unter, für die wir Euch jetzt schon wappnen. Deshalb erscheint uns Langeweile als Zeitverschwendung. Deshalb wird Draußenspielen zu einer aufschiebbaren Tätigkeit. Deshalb lassen wir Euch nicht mehr aus den Augen und katalogisieren Euch in Geheimzeugnissen mit so Namen wie *Mini-KEKS-4*.

Was ich erst jetzt herausgefunden habe: Viele dieser Bewertungsbögen und auch die internationalen Schulvergleiche (wie PISA), die uns Erwachsenen sehr wichtig sind, orientieren sich an Vorschlägen der OECD. OECD klingt gut. Wie UNICEF. Oder wie UNESCO, die Organisation der Vereinten Nationen für Erziehung, Wissenschaft und Kultur. Die OECD ist aber nur eine „Organisation für wirtschaftliche Zusammenarbeit und Entwicklung". Sie hat gerade mal 34 Mitgliedsländer. Die meisten davon sind so reich und so verzagt wie unseres. Der aktuelle Chef der OECD war früher mal Finanzminister in Mexiko. Seine Stellvertreter sind: ein italienischer Finanzexperte, ein ehemaliger Staatssekretär des US-Außenministeriums, ein früherer Vize-Finanzminister Japans und ein ehemaliger belgischer Ministerpräsident.

Wann die wohl zuletzt mal einem Kind bei den Hausaufgaben geholfen haben?

Logisch: Nicht der OECD-Chef denkt sich die Bewertungsbögen aus, auch nicht seine Stellvertreter. Dafür haben sie 2500 Mitarbeiter, und das sind echte Fachleute. Die OECD setzt sich für wirklich wichtige Sachen ein. Für die Gleichberechtigung von Frauen und Männern, für bessere Krankenhäuser in armen Ländern, für mehr Umweltschutz. Du musst aber wissen: Wie jede Partei, jede Kirche und jede Organisation hat auch die OECD ihre besondere Sicht auf die Welt und damit auf Euch Kinder. Sie will, dass die Menschen überall auf der Welt tüchtig sein können, dass alle gesund sind und alles aus sich herausholen können.

Lernen zu dürfen, arbeiten zu können und dafür gerecht bezahlt zu werden – das ist wirklich ein ganz großer Baustein zum Glück. Aber nicht der einzige. Diese Sicht wird mit Bewertungsbögen aber zu einer Art Gesetz. Eine andere Organisation könnte nach ganz anderen Dingen fragen: Wer schneidet die drolligsten Grimassen? Wer schreibt die lustigsten Gedichte? Wer kann am besten trösten? Wer kann die anderen am besten zum Lachen bringen?

Klingt verrückt?

Verrückt klingt aber auch, dass in Deutschland heute fünfzigmal so viel Ritalin verschrieben wird wie vor zwanzig Jahren, weil sich die Kinder einfach nicht so benehmen, wie die Kontrollbögen das vorschreiben! Ritalin ist ein Medikament, das Kinder ruhiger macht und konzentrierter lernen lässt. Wenn heute fünfzigmal mehr von diesem Ritalin gebraucht wird als vor zwanzig Jahren, was heißt das dann? Sind die Kinder fünfzigmal zappeliger geworden? Oder haben wir Eltern die Grenzen um sie herum fünfzigmal enger gezogen, sodass uns vieles, was früher „kindlich" war, jetzt „zappelig" erscheint?

Warum halten nach einer Umfrage des Robert-Koch-Instituts fast 29 Prozent der Eltern ihre eigenen Kinder, bei aller Liebe, für „auffällig"?

Wieso wurde jedes vierte Grundschulkind in Deutschland von Eltern oder Lehrern schon mal zu einer Therapie geschickt?

Liegt das immer an den Kindern oder liegt es auch an den Erwachsenen?

Kleiner Tipp: Dehne die Gegenwart aus, anstatt sie zu schrumpfen – das geht nämlich!

Am Anfang meines Briefes habe ich geschrieben, dass ich mich über manches wundern werde, Sophie, aber jetzt bin ich richtig wütend! Ein Kind Tag für Tag mit dem Auto zur Schule fahren und sich dann wundern, dass es komisch läuft? Ein Kind von Einzeltermin zu Einzeltermin karren und ihm dann vorwerfen, dass es mit anderen Kindern nicht spielt, sondern nur streitet? Wie unfair ist das denn?!

Natürlich ist es richtig und wichtig, ein Kind, das nicht richtig reden lernt, zur Sprachtherapie zu fahren. Und ein Kind, das sich eigenartig bewegt, zur Krankengymnastik zu bringen. Aber noch besser wäre es gewesen, ihm eine Kindheit zu erhalten, in der es lernt, sich normal zu bewegen.

Und weißt Du was? Manchmal ist das „Unnormale" und „Auffällige" nur eingebildet. Weil Eltern mehr Angst vor einer „Schwäche" ihres Kindes haben als ein Kind vor einem Gespenst unterm Bett. Das kommt nicht nur daher, weil wir Euch so sehr beobachten und bewerten. Das kommt auch nicht nur davon, weil wir dadurch überall

„Gutes" und „Schlechtes" bei Euch finden. Nein: Wir entdecken auch „Fehler", die niemanden gestört hätten, wenn wir Euch nicht wie kleine Erwachsene betrachten würden, wenn wir Euer Tun und Lassen nicht nach unseren Regeln begutachten würden. Eigentlich sind es also keine Fehler!

Als Dein kleiner Bruder vor zwei Jahren mit dem Fußballspielen anfing, in der G-Jugend, mit fünf Jahren, verschärfte sein Trainer nach wenigen Monaten Ton und Tempo mit dem Hinweis, der Verein wolle „langsam mal Resultate sehen". Das ist die Sprache von Spitzenklubs, die nicht zufrieden sind mit den Leistungen ihrer hoch bezahlten Profispieler. Zu Beginn der nächsten Saison, als die Kinder sechs waren, hat der Trainer dann angekündigt, er werde bald „die Spreu vom Weizen trennen": Die derzeit schwächeren Jungs sollten Spiel und Training der Starken nicht mehr bremsen, sondern in einer zweiten Mannschaft üben.

Als ich ein kleiner Junge war, wurde in der G-Jugend noch nicht die „Spreu vom Weizen" getrennt. Es gab nämlich gar keine G-Jugend. Heute ist sie überfüllt, weil man ja „nicht früh genug anfangen" kann. Heute erfährt Dein Bruder, dass er ein gutes Stellungsspiel hat, aber keinen harten Schuss. Ein Fehler. Er traut sich nicht in jeden Zweikampf. Ein Fehler. Neulich, als Ersatzspieler, hat er am

Spielfeldrand Gras gezupft statt konzentriert zuzuschauen. Noch ein Fehler. Zur Strafe wurde er nicht mehr eingewechselt.

So macht man aus einem Sportverein viel zu früh eine Sortiermaschine, aus Freunden Konkurrenten, aus unbeschwerten Kindern Sieger und Verlierer.

Bestimmt kann man auch Graszupfen wegtherapieren.

Du darfst nicht denken, dass das normal ist, auch wenn Du es nur so kennst. Halte Abstand von uns, bewahre Dir Deine Nischen, in denen kein Vater, keine Mutter, kein Trainer und kein Lehrer Dir über die Schulter guckt. Schreibe in Deinem Zimmer weiter an Deinen Geschichten und lass sie uns bloß nicht lesen. Erdichte mit Deinen Freundinnen weiter Texte für Eure ganz eigenen Lieder und lass sie uns bloß nicht hören. Häng nach der Schule mit Deinen Klassenkameradinnen ruhig noch in der Aula rum oder verkichere mit ihnen auf Skype die Zeit – weil Du damit die Gegenwart ausdehnst, anstatt sie zu schrumpfen.

Ja, echt, Sophie: Eine größere Leistung als eine Eins in Englisch oder ein gelungener Pass auf dem Spielfeld ist es, wenn ein Kind eigenmächtig seine „Scharnierzeiten" erweitert und auf eigene Faust seinen „Streifradius" ausdehnt, so wie Du es seit einigen Monaten tust, seit die Pubertät Dir hilft, Dich von uns abzunabeln. Das ist super!

Warum mein Brief dann an dieser Stelle nicht zu Ende ist? Weil es schade ist, dass Ihr Euch mehr Kindheit erst erobern könnt, wenn Ihr keine richtigen Kinder mehr seid. Weil Ihr die verlorene Zeit damit ja nicht zurück bekommt. Kirsten Boie sagt das so: „Gerade Kindheit ist kurz und nicht nachholbar. Wir dürfen sie nicht überspringen. Das ist doch wie bei Bäumen: Die, die zu schnell wachsen, haben später weiches Holz. Was stabil sein soll, braucht eben Zeit."

Halte Dich deshalb da, wo es geht, fern von unseren Beurteilungen. Halte Dich möglichst lange fern von einem Menschenbild, das ein Leben nur dann für gelungen hält, wenn jede Minute genutzt ist, wenn das, was Du tust, möglichst vielen anderen gefällt oder wenn alles sinnvoll ist oder wenn jede Klassenarbeit gut ausfällt, jeder Ball beim Mitspieler ankommt, jede Schrulle wegtherapiert ist und jeder immer „das Optimum aus sich herausholt". Denn wer kann schon jeden Tag das Beste aus sich herausholen?

Garantiert ist damit nur die Enttäuschung – über andere und über uns selbst. Weil „das Optimum" so unmöglich zu erreichen ist wie das Ende des Weltraums: Wenn man da ist, kann man immer noch weiter. Und in die andere Richtung hätte man doch auch fliegen können! Wer sich einreden lässt, immer und überall „das Beste" erreichen zu müssen, wer einen inneren *Mini-KEKS-4-Bogen* durchs Leben schleppt, wird sich andauernd schlecht fühlen. Lass Dich nicht anstecken von dieser Unzufriedenheit. Denn am Ende geht womöglich die Persönlichkeit verloren, das Eigentliche und Echte eines jeden Einzelnen. Wo bleibt das Ich (all das Schräge, Kuriose, Wunderliche und auch Liebenswerte), wenn man sich nach den Ansprüchen der anderen gestaltet oder nach den aktuellen Ängsten oder nach den Anforderungen irgendeiner fernen Zukunft oder nach den derzeitigen wirtschaftlichen Bedürfnissen?

Neulich hat mir ein Bekannter – ein Gerichtspräsident – erzählt, dass er neue Richter nur einstellt, wenn sie den richtigen *Body Mass Index* haben. Der *Body Mass Index* verrät, ob jemand dick oder dünn ist. Er setzt Größe und Gewicht eines Menschen ins Verhältnis, es gibt eine x-Achse und eine y-Achse, wie bei Dir in Mathe. Ein Bewerber, der auf der falschen Seite der Kurve liegt, ist zu dick und kriegt den Job nicht. Weil Dicke öfter krank sind, und Kranksein ist teuer. Aber wer sagt, dass ein schmallippiger Dünner ein besserer Richter ist als ein gemütlicher Dicker? Könnte ein Gemächlicher nicht sogar gründlicher oder gerechter sein? Und müsste es dem Gerichtspräsidenten nicht zuerst darum gehen?

Unseren Pfarrer ärgert das. Er sagt: „Wir legen keinen Wert mehr auf Fähigkeiten, die wirtschaftlich nicht nutzbar sind. So wird der Ellbogen stärker als das Herz." Dicke Richter, graszupfende Jungs, tagträumende Teenager. „Wo bleiben die?", fragt er. „Wo können die sich entfalten? Wir geben derzeit denen wenig Raum, die vielleicht besonders fähig sind, jemanden zu lieben, zu trösten, treu zu sein oder zum Lachen zu bringen."

Dabei ist das so wichtig. Das merkst Du, wenn alte Leute auf ihr Leben zurückblicken, Sophie. Wenn sie in Erinnerungen schwelgen, kommt der *Body Mass Index* nie vor. Auch nicht die Gehaltskurve. Überhaupt so gut wie gar nichts, was mit Leistung, Beruf und Ellbogen zu tun hat – sondern mit Lachen, Lieben, Trösten und Zu-jemandem-Halten. Daran messen wir am Ende ein Leben.

Doch je länger mein Brief an Dich wird (und ich gebe zu, er ist jetzt schon ziemlich lang …), desto verblüffter frage ich mich: Gibt es überhaupt noch einen Bereich, eine Lebensphase, in der nicht Effizienz und Wettkampf und Leistungs- und Zukunftsfähigkeit die obersten Ideale sind, in dem Leistungen nicht gemessen und Menschen nicht verglichen werden?

Ein Sportverein ist es nicht. Ein Landgericht ist es nicht. Dann müsste es doch wenigstens die Kindheit sein.

Dieser Gedanke erschreckt mich am meisten: Schlimmstenfalls kommt Ihr vor lauter Vergleicherei gar nicht mehr dazu, die zu werden, die Ihr eigentlich seid.

An Deinen Lehrern liegt das gar nicht mal so sehr. Deine Schule erscheint mir als eine der besseren in einem schlechten System – fast wie das Richtige im Falschen. Du hast zwei Klassenlehrer, nicht nur einen. Du hast in der fünften Klasse zunächst das Lernen gelernt: *Ich beginne meine Hausaufgaben mit etwas Einfachem und Interessantem. Ich lege Pausen bei meinen Hausaufgaben ein.* Ihr bekommt Übungsarbeiten mit nach Hause, damit Ihr wisst, was Ihr Euch einprägen sollt – und was ihr Euch nicht merken müsst. Denn auch das Lernen soll heute kein Stromern mehr sein, sondern möglichst effektiv. Ihr bewertet Euch mit Selbstkontrollbögen: *Was kann ich schon? Was noch nicht?* Auf den Elternabenden fragen Eure Lehrer uns: „Sollen wir weniger Hausaufgaben aufgeben, damit den Kindern mehr Zeit bleibt? Oder mehr, damit sie den vielen Stoff besser verstehen?"

An Deiner Schule haben die Lehrer hier und da die Lehrpläne entrümpelt. Sie haben, um Zeit zu sparen, das

Fach „Science" eingeführt: Biologie, Physik und Chemie in einem. Wenn Ihr über Vögel sprecht (Biologie), lernt Ihr auch, wie an ihren Flügeln Auftrieb entsteht (Physik). Wenn Ihr über die Lunge und das Atmen sprecht (Biologie), redet Ihr gleich über Sauerstoff und Stickstoff (Chemie). Es gibt Lehrer anderer Gymnasien, die bei Euch lernen, wie man Science unterrichtet. Es gibt Verlage, die ihre Schulbücher den Ideen aus Deiner Schule anpassen. Einige Deiner Lehrer, vor allem die älteren, scheinen sogar heimlich gegen G8-Eile und Gegenwartsschrumpfung anzuarbeiten: Sie singen und malen mit Euch und nennen ihren Unterricht „Stunden zum Ausatmen". Sie wollen die Schule als einen Ort der Geborgenheit erhalten, an dem Ihr der Raserei von uns Erwachsenen entzogen seid – und nicht ganz besonders ausgesetzt.

Nicht dass Du mich falsch verstehst, Sophie: Die Schule ist nicht fürs Kinderglück verantwortlich. Lehrer haben nicht dafür zu sorgen, dass Schüler sich pausenlos wohlfühlen. Außerdem ist es ein tolles Gefühl, für Fleiß belohnt zu werden. Es macht stolz, eine Aufgabe zu lösen, die anfangs unlösbar schien. Es macht besonders glücklich, nach zig Fehlversuchen endlich was zu schaffen. Lernen ist ein Geschenk. Wir vergessen das leicht, weil wir Deutschen das Vorhandensein einer Schule für so gewöhnlich halten wie das Vorhandensein von Wasser in unseren Flüssen. Das ist es aber nicht. Wie wertvoll eine Schule wirklich ist, was für ein Glück es ist, in einem Land zu leben, das noch immer genug Geld hat, um Lehrer und Hausmeister und Tafeln und Tische und Bänke zu bezahlen, erkennen wir immer wieder dann, wenn wir Kinder in kriegszerstörten Staaten dankbar in einem neuen, provisorisch hergerichteten Klassenzimmer sitzen sehen. Und vergessen es dann wieder.

Der Erziehungswissenschaftler Hartmut von Hentig sagt: „Schule ist Spielraum und Ernstfall." Darum geht es bei fast jedem Streit um Schule: Wie viel Spielraum wollen wir Erwachsenen Euch Kindern geben – und wie viel Ernstfall simulieren? Seit Jahrzehnten wechseln die Antworten auf diese Frage. Es ist wie auf einer Wippe: Mehr Spielraum ... mehr Ernstfall ... mehr Spielraum ... mehr Ernstfall. Es gab krasse Ausschläge in beide Richtungen. 1910, vor mehr als hundert Jahren also, widmete der Wiener Psychoanalytische Verein seine allererste Veranstaltung gleich dem Thema Schule. Organisiert hatte das Treffen ein Mann namens Sigmund Freud, ein bis heute sehr bekannter Psychoanalytiker. In seinem Vortrag forderte Freud, Schule dürfe „nicht die Unerbittlichkeit des Lebens für sich in Anspruch nehmen, darf nicht mehr sein wollen als ein Lebensspiel".

So sehr sich Eure Lehrer auch bemühen: Nicht jedem gelingt es, diese „Unerbittlichkeit des Lebens" aus dem Klassenzimmer zu schmeißen wie einen Störenfried. Nicht jeder kann oder will das. Deine Lehrer, so mächtig sie Dir erscheinen mögen, gehören nämlich auch zu den „Geiseln in den Händen der Welt", von denen ich Dir geschrieben habe. Sie sind Gefangene der Lehrpläne, der Konferenzbeschlüsse – und einige sind auch Gefangene der gegenwärtigen Überzeugungen. Gegenwartsgeschrumpfte eben.

Zum Beispiel hat eine „Wirtschaftspsychologin" uns Eltern an Deinem Gymnasium erklärt, woran wir bei Euch einen *Burnout* erkennen. Das bedeutet, dass manche Kinder jetzt schon so ausgebrannt sind wie überarbeitete Erwachsene. Und dass die Krankheiten, von denen der Kinderarzt in Bremen erzählte, jetzt auch bei uns angekommen sind.

Klar klingt es da fürsorglich, einen Elternabend zu der Frage „Woran erkenne ich einen Burnout?" zu veranstalten. Aber besser wäre gewesen: „Wie verhindere ich einen Burnout?" Und noch besser, einen Brief an den Kultusminister zu schreiben: „Hey, Minister, Deine Reformen machen unsere Schüler krank."

Warum schreiben Eure Lehrer diesen Brief nicht?

Mit dem Rückwärtsraten ist es so eine Sache: Aber ich wette, meine Lehrer hätten diesen Brief geschrieben. Oder einen Protestmarsch organisiert. Weil sie Geiseln eines anderen Zeitgeistes waren. Du wirst das verrückt finden, Sophie: Als vor fast dreißig Jahren in der Ukraine ein Atomkraftwerk explodierte, schickten meine Lehrer uns zum Demonstrieren! Weil sie das an dem Tag wichtiger fanden als Schulstoff. Als vor mehr als zwanzig Jahren in Kuwait ein Krieg losbrach, ließ mein Mathelehrer uns aus Protest nicht mit Äpfeln und Birnen rechnen, sondern in der Recheneinheit „Leichensäcke". Das hört sich für Dich grotesk an, was? Einige meiner Lehrer redeten im Unterricht voller Pathos, wie Pastoren in der Sonntagspredigt. Es ging ihnen darum, uns mitzureißen. Uns zu gewinnen. Für ihre Träume von einer besseren Welt.

Und jetzt? Sagt eine Eurer Lehrerinnen: „Die Kinder müssen Schritt halten."

Das macht mich zornig. Eure Lehrer haben das Lernen im Laufschritt zwar nicht erfunden — aber sie haben sich damit abgefunden. Mindestens das. Sie geben den Druck weiter, den andere aufgebaut haben. Und zu diesen anderen gehöre auch ich. Die Versuchung, mit Dir auf die Jagd nach immer besseren Noten zu gehen, ist so groß. Wie schnell passiert es, dass ich eine gute Klassenarbeit nach den wenigen Fehlern ausspähe, anstatt mich an all den korrekt gelösten Aufgaben zu erfreuen. Es gibt Eltern in unserer Stadt, die ihren Kindern das Taschengeld kürzen, wenn die keine Eins heimbringen. Die mit all den fleißigen Chinesenkindern drohen, von denen wir noch gar nicht wissen, ob die ganze Paukerei sie wirklich schlau macht oder schrecklich bieder. Oder gnadenlos denen gegenüber, über die sie einmal bestimmen werden.

Echt jetzt: Die schönsten Entdeckungen machst Du beim Gehen von Umwegen

Als ich zum ersten Mal in Deiner Gymnasialzeit zum Elternsprechtag ging, glaubte ich noch, Sätze über Dich zu hören, wie sie meine Eltern über mich zu hören bekamen: „Ihr Sohn hat Schwächen in ... begeistert sich für ... verhält sich Mitschülern gegenüber ... könnte fleißiger sein bei ...". Momentaufnahmen und Anekdoten. Wenn ich heute mit den Lehrern Deiner Schule spreche, verkünden sie mit heiligem Ernst: „Sophie wird das Gymnasium schaffen." Diese Prognose scheint das Einzige zu sein, was zählt.

Reden die Lehrer so, weil sie so denken? Oder denken sie, dass wir Eltern sie so reden hören wollen? Und wollen wir Eltern das nicht auch? Schließlich gibt es in den edleren Boutiquen unseres Landes Babystrampler mit dem Aufdruck *Abi 2030* zu kaufen.

Ein vorweggenommenes Gütesiegel, das das Kind mit seinem Leben einzulösen hat. Werden die Eltern ihr Baby mit einer *Mittlere Reife 2026* genauso lieben? Hätten sie das mit dem *Abi 2030* nicht sicherheitshalber gleich mal tätowieren lassen sollen?

Janusz Korczak, der fast vergessene Pädagoge, hat zu dieser Zukunftssucht einmal gesagt, jedes Kind habe ein „Recht auf den heutigen Tag". Und sogar ein „Recht auf Misserfolg".

Wie klingt das für Dich, Sophie? Befreiend oder bedrohlich? Mir fehlt es jedenfalls an Mumm, zu reden wie Korczak und dem Schicksal so viel Raum zu lassen. Denn auch ich bin eine „Geisel in den Händen der Welt". Ich werde Dir jetzt zwar ein paar Geschichten von Menschen erzählen, die sich ihr „Recht auf Misserfolg" herausgenommen haben, aber ehrlich gesagt habe ich nur solche gesammelt, die im Triumph enden: Der ehemalige Reichskanzler Otto von Bismarck ist als Kind sitzengeblieben, ebenso der Komponist Richard Wagner und der Dichter Gerhard Hauptmann. Ein Lederjackenträger namens Joschka Fischer floh nach der zehnten Klasse ohne Abschluss aus der Schule und hat später als Politiker dennoch unser Land verändert. Oder gerade deshalb. Sogar der Schriftsteller Thomas Mann − für alle ehrgeizigen Eltern ein Halbgott − verließ sein Lübecker Gymnasium ohne Abitur. Manchmal sind Menschen, bei denen im Rückblick alles erfolgreich, logisch und zielstrebig erscheint, in Wahrheit ziemlich weite und verworrene Umwege gegangen. Joanne K. Rowling lebte von Sozialhilfe, als sie in einem schottischen Café den ersten Band von *Harry Potter* schrieb. Und der Amerikaner Steve Jobs, der Gründer von Apple, nach dessen Erfindungen wir heute beinahe süchtig sind, der mit seinen iPhones und iPads und iPods unseren Alltag verändert hat, war als junger Kerl ein totaler Schluffi. Schon nach einem lustlosen Semester verließ Steve, das Sorgenkind, das College, schnorrte sich durch seinen Freundeskreis, bettelte sich in Kirchen Essen zusammen und grub im Müll nach Pfandflaschen. Von dem eingetauschten Geld reiste er nach Indien, rasierte sich die Haare ab, trug weite Gewänder, hing herum, probierte allerlei Drogen und Religionen aus.

Ich kann Dir sagen, Sophie: Es ist heikel für einen Vater, seinem Kind den Lebenslauf von Steve Jobs als beispielhaft zu präsentieren. Denn viele andere Männer und Frauen, die mit Steve nach Indien zogen, versackten dort anstatt zurückzukehren. Trotzdem frage ich mich: Wäre aus Steve Jobs derselbe fiebrige Erfinder geworden, wenn er als junger Mann nur fremden Vorgaben gehorcht hätte? Wenn er brav all das getan und gelassen hätte, was Lehrer und Eltern von ihm verlangten?

Der Pfarrer in unserer Stadt war früher übrigens Bankkaufmann. Ein größerer Umweg ist kaum denkbar. Das ist ungefähr so, als würde man eine Expedition zum Südpol mit einem Trip zum Nordpol beginnen! Aber der Pfarrer sagt: „All diese Jahre, sehr mühsam, ergeben ein Mosaik, das mich heute glücklich macht."

Wenn ein Brief eine Pausentaste hätte wie ein Kassettenrekorder, Sophie, dann müsste ich sie jetzt ganz dringend drücken, um Dir zwischendurch zwei Sachen zu sagen.

Die erste Sache: Du musst kein Smartphone erfinden, keinen Bestseller schreiben und auch nicht Politikerin werden. Ich habe nur keine anderen Beispiele gefunden. Nicht jede Geschichte, die gut ausgeht, hat mit Ruhm oder Reichtum zu tun, sondern viel öfter mit stillem, für andere unsichtbarem Glück. (Deshalb kann ich Dir davon ja nicht erzählen.)

Die zweite Sache: Natürlich wünsche ich Dir keinen Misserfolg! Kein Vater und keine Mutter tun das. Erfinde ein Smartphone, schreibe einen Bestseller, werde Politikerin, wenn Du willst! Es ist nur wichtig, dass Ihr Kinder lernt, Fehlschläge zu akzeptieren und nicht jede Abweichung vom geraden Weg für einen „Misserfolg" zu halten.

Das wäre mal ein Experiment. Einem brüllenden Fußballtrainer zu sagen: „Übrigens hat jedes Kind auch ein

Recht auf Misserfolg." Was würde dann geschehen in unserer Zeit, in der aus jedem Pups eine Prognose wird? „Ihr Sohn hat auf dem Fußballplatz Gras gezupft?! Wie soll er da auf dem Weltmarkt bestehen?", „Ihre Tochter hat die Mathearbeit verhauen?! Gefahr für den Standort Deutschland!"

Auch meine Kindheit war nicht frei von finsteren Prognosen. Sie war sogar durchzogen von Zukunftsängsten. Ringsum starb der Wald, in den Flüssen schwammen tote Fische, eine Seuche namens Aids kam auf, die *Tagesschau* trug Worte wie „Nachrüstung", „Erstschlag" und „Vergeltung" in unser Wohnzimmer und zeigte dazu startende Raketen. Manchmal kroch ich abends mit der düsteren Gewissheit ins Bett, in einem Atomkrieg zwischen Amerika und Russland zu verglühen.

Und doch war etwas anders als heute: Ich hatte keinen Einfluss auf Amerika und Russland. Ich konnte Aids nicht stoppen. Und der Wald und die Fische starben ohne mein Zutun.

Die Ängste von heute sind anders. Es sind Versagensängste. Ängste, die sich auf die eigene Leistung beziehen, auf jedes Tun oder Lassen: Wenn Du jetzt nicht lernst, dann wirst Du später keinen Job bekommen. Wenn Du nicht bald drei Sprachen sprichst, dann wirst Du keine Chance haben im globalen Wettbewerb. Wenn Ihr Euch nicht beeilt, dann werden die Chinesen schneller sein.

Dieses dauernde „Wenn … dann"! Als ließe sich aus dem Heute präzise das Morgen errechnen. Als liege die Zukunft ganz allein in Euren Händen. Als werde Euer Leben als Erwachsene einzig aus Eurer Leistung als Kinder gebaut.

Indem wir „wenn … dann" sagen, blenden wir die Möglichkeit des Zufalls aus, die Überraschung, die Chance, auf Umwegen zum Ziel zu kommen – oder an einen noch schöneren Ort, von dem wir beim Loslaufen noch gar nichts wissen! Indem wir „wenn … dann" sagen, vergessen wir altmodische Begriffe wie „Fügung" oder „Schicksal". Indem wir „wenn … dann" sagen, verengen wir unser Leben zu einer Linie, die bei jedem Gelingen oder Scheitern geradewegs auf uns zurück zeigt. Indem wir „wenn … dann" sagen, übernehmen wir bereitwillig die Verantwortung für alles, was kommt.

Lass Dich darauf nicht ein, Sophie. Wir sind tatsächlich für *vieles* verantwortlich, was in unserem Leben passiert, aber nicht für *alles*. Nicht für Erdbeben. Nicht für Pleiten unseres Arbeitgebers. Nicht für die Wirtschafts- und Bankenkrisen, von denen die *Tagesschau* heute berichtet.

Ich weiß, die letzten Sätze waren wieder ziemlich kompliziert. Was ich Dir sagen will: Lade Dir dieses „Wenn … dann!" nicht als Lebenslogik auf. Denn kein Mensch kann wissen, was das Weltgeschehen einmal von ihm fordern wird. Man kann die Zukunft nicht auf Jahre vorhersagen. Das klappt ja nicht mal mit dem Wetter, und da geht es nur um ein paar Tage! Seit Du geboren wurdest, ist das Internet zum Mitnehmen erfunden worden. Die Menschheit hat angekündigte Todseuchen wie Sars und Vogelgrippe überlebt. An einem himmelblauen Morgen haben Terroristen Hochhäuser in New York zu Fall gebracht. Die Amerikaner haben einen schwarzen Präsidenten gewählt und die Araber einen Diktator nach dem anderen verjagt. Neulich ist ein Kind von Aids geheilt worden. In Japan ist noch ein Atomkraftwerk explodiert. Und Thomas Gottschalk hat *Wetten, dass ..?* abgegeben.

Gut möglich, dass in zehn Jahren das, was wir jetzt für Zukunft halten, schon wieder Vergangenheit ist (ohne je eingetreten zu sein). Vielleicht sind die Chinesen dann damit beschäftigt, ihre Parteibonzen aus den Büros zu vertreiben und vergessen darüber das Lernen, weshalb Indien plötzlich als Weltwirtschaftsmacht der Zukunft gilt. Vielleicht wäre es dann besser gewesen, fürs *Abi 2030* Hindi, Malayalam oder Telugu zu lernen, eine der vielen indischen Sprachen.

Noch vor ein paar Jahren galt Deutschland als „der kranke Mann Europas" (so stand es in der Zeitung), jetzt ist ausgerechnet unser nasskaltes Land zu einem Sehnsuchtsort für junge Spanier, Italiener und Griechen geworden. Denn hier finden sie Arbeit. Neulich hat der Bürgermeister unseres Ortes in der spanischen Partnerstadt um Lehrlinge geworben. *Deutschland schafft sich an*, nicht *ab.*

Trotzdem sind gerade mal wieder 70 Prozent der Bundesbürger der Ansicht: „Deutschland geht immer mehr den Bach runter."

Hoppla – schon wieder Pausentaste!

Denn weißt Du: Auch, wenn's gerade nicht den Bach runtergeht – bergauf wird Wasser nie fließen. So, wie Schwarzmalerei falsch ist, gibt es auch keine Glücksgarantie. Kein Mensch auf der Welt kann die Globalisierung ignorieren, die Augen vor Veränderungen verschließen, alles beim Alten belassen. Dass früher nicht alles besser war, sondern im Gegenteil heute manches besser ist, liegt ja auch daran, dass Menschen mit ihrer Gegenwart unzufrieden waren und deshalb die Zukunft besser machen wollten. Dass sich also Ärzte, die neue Medikamente erfunden haben, und Politiker, die sich Reformen ausgedacht haben, und Revolutionäre, die ihr Leben riskiert haben, *nicht* allein auf Schicksal und Fügung verlassen haben.

Das klingt verwirrend, nicht wahr? Wie ein Widerspruch zu allem, was Du bis hierhin gelesen hast. Verdammt schwierig, diesen Gedankenknoten aufzudröseln!

Ich probiere es mal so: Es kommt mehr dabei heraus, wenn man von Mut getrieben wird statt von Verzagtheit. Von Selbstbewusstsein statt von Selbstzweifeln. Das kennst Du auch: Wenn Du ein Bild malst, wird es schöner, wenn Du eine freudige Vorstellung davon im Kopf hast, als wenn der Zweifel Dir den Stift führt. Es wird auch schöner, wenn Du es so malst, wie es Dir gefällt und nicht so, dass es jemand anderem gefallen könnte.

Es wäre doch prima, wenn es mit der Kindheit genauso wäre. Wenn Ihr lernt: Die Welt ist bunt, nicht bedrohlich. Wenn Wissen dazu dient, Euch aufgeschlossen zu machen, statt Euch eine Rüstung anzulegen, mit Schulbüchern als Schilden und Vokabeln als Waffen, damit Ihr einmal unseren Wohlstand verteidigt. Es wäre toll, wenn Ihr aus Neugier Chinesisch oder Hindi lernt! Wenn wir Erwachsenen dabei mehr statt weniger Geduld mit Euch hätten. Und wenn unsere Politiker Euren Schulen dafür mehr statt weniger Geld geben würden.

Denn nur wer sich auf die Zukunft freut, der wird sie auch gewinnen – ohne dabei die Gegenwart wegzuschenken.

Ich habe einen Freund in Berlin, der ist Lehrer für Latein und Griechisch. Neulich hat er an seinem Gymnasium die Festrede für die Abiturienten gehalten. Und weißt Du, was er gesagt hat? Er hat in den Saal voller Kollegen, Eltern und Schüler gerufen: „Dass das in der Schule erworbene Wissen jemanden befähigt, besser im Leben zurechtzukommen, glaubt niemand von uns – sieht man von wichtigen Kulturtechniken wie dem Lesen, Schreiben und Rechnen sowie einfachen Fremdsprachenkenntnissen einmal ab. Das Meiste, was wir einmal gelernt haben, vergessen wir relativ schnell wieder … Meine Chemie- und Physikkenntnisse könnte man bequem auf eine Postkarte schreiben, vom Erdkundeunterricht sind mir noch vage Erinnerungen an den Assuan-Staudamm geblieben, im Biologieunterricht haben wir eine Tulpe zerschnitten und etwas entdeckt, das wir Stempel nannten. Dies ist eine magere Ausbeute angesichts Hunderter von Stunden, die ich in dem jeweiligen Fachunterricht verbracht habe."

Aber was ist dann der Sinn von Schule?

„Ich halte es für gut", sagte ausgerechnet dieser Lehrer für die Fleißfächer Latein und Griechisch, „dass Kinder unter mehr oder weniger fachkundiger Anleitung die Welt kennenlernen, dass sie lernen, sich mit ihr auseinander-zusetzen, und schließlich, dass sie erkennen, dass es sich lohnt, sich mit ihr zu beschäftigen, weil sie ein *schöner* Ort ist." Pause. Und dann, als Schlusssatz: „Genießen Sie Ihr Leben!"

Da waren alle verdattert.

Wirklich: Eure Zukunft ist ein Meer von Möglichkeiten, super Sache!

Es wird Menschen geben, Sophie, die fahrlässig finden, was ich Dir hier schreibe. „Fahrlässig" heißt, dass ich in Kauf nehme, Dir mit meinen Ansichten zu schaden, Dich auf einen falschen Weg zu schicken. Denn längst ist die nächste Wirtschaftskrise angekündigt, wie eine Gewitterfront verdunkelt sie den Horizont. Es wird noch mehr Angst und noch mehr Eile geben.

Was dann? Muss sich dann nicht jeder von uns noch mehr beeilen und büffeln? Am fleißigsten sein und zu den Besten zählen? Damit andere auf der Strecke bleiben?

Muss nicht sein. Denn wir Erwachsenen haben uns da etwas einfallen lassen: Wenn tatsächlich die nächste Krise kommt, wenn es in Büros und Fabriken nicht mehr genug für alle zu tun gibt, dann gehen viele Firmen „auf Kurzarbeit". Das bedeutet: *Alle* arbeiten etwas weniger, damit nicht *einige* ihre Arbeit ganz verlieren. Bevor wenige *gar kein* Gehalt mehr bekommen, verdienen alle *etwas* weniger. Und der Staat gibt sogar Geld dazu! Ausgedacht haben sich das Politiker, Fabrikbesitzer und Gewerkschaftsführer, die noch nicht als *FasTracKids* erzogen wurden, sondern aufgewachsen sind in der Überzeugung, dass man es gemeinsam weiter bringt als gegeneinander.

Ist das nicht super? Warum kriegen wir etwas Ähnliches nicht hin, wenn es um Euch Kinder geht? Wieso ist uns da nur Sparen und Beschleunigen eingefallen?

Hat Euch jemals ein Lehrer erzählt, dass das Wort „Schule" aus dem Griechischen stammt und eigentlich „freie Zeit" bedeutet?

In wie vielen Familien kreisen die Gespräche nur noch um Schule? Hast Du die Vokabeln drauf? Bist Du fit für die Arbeit? *Schreibe eine möglichst kleine Zahl auf, indem Du jedes der folgenden römischen Zahlzeichen genau einmal verwendest: M, C, I, X, V.*

Wir üben jetzt oft gemeinsam. Manchmal gibt es Krach, manchmal erleben wir innige Momente. Du hast gelernt, wie die Ägypter ihre Pyramiden bauten. Warum ein Londoner Vorort mit Namen Greenwich weltbekannt ist. Dass es am Horizont einen Fluchtpunkt gibt, auf den alle Linien zulaufen. Jede Schulstunde kann ein Geschenk sein. Und alles zusammen fügt sich zu einem Schatz. Haben wir Euch den Spaß geraubt, ihn zu heben?

Euer Schuldirektor sagt: Nein. Er sagt das aus einer privilegierten Position heraus, so wie ich diesen Brief aus einer bevorzugten Lebenslage schreibe: Dein Direktor leitet ein Vorstadtgymnasium in einer besseren Gegend. In Eurer Schulkantine servieren „Kochmütter" das Mittagessen. Das sind Frauen, die nicht arbeiten, weil ihre Männer alleine schon genug verdienen, und die nach dem Kochen mit ihren Kindern Hausaufgaben machen. Es gibt aber auch Frauen, die arbeiten wollen (Du später vielleicht auch!). Es gibt alleinerziehende Eltern, die das müssen. Und es gibt eben auch Väter und Mütter, die es irgendwie nicht schaffen, ihren Kindern bei den Hausaufgaben zu helfen.

Was wird aus diesen Schülern? Wo bleiben die Frechen, die Rotznasen, die Aufmüpfigen? Ist es Zufall, dass Dein Freundeskreis nur noch aus Klassenkameradinnen besteht, aus höflichen, fleißigen Mädchen? Wo ist eine wie Bruno aus Kirsten Boies Buch?

Ich habe im schleswig-holsteinischen Bildungsministerium nachgefragt: Der Anteil der Schüler, die nach der sechsten Klasse die Gymnasien verlassen müssen, hat sich im ersten G8-Jahrgang verdreifacht. In Bayern hat die erste G8-Generation schon Abitur gemacht – seit der fünften Klasse sind dort 31 Prozent aller Schüler auf der Strecke geblieben. Bei G9 waren es 22 Prozent. Diese Kinder wurden „abgeschult", so heißt das in den Statistiken.

Es klingt fast weltfremd, wenn die Kirche gegen dieses eiskalte Wort protestiert und wie unser Pfarrer daran erinnert, dass „jeder Mensch mit reichen und vielseitigen Anlagen beschenkt" sei. Bildung müsse auch die „Kräfte der Fantasie, der Liebe, des seelischen Erlebens und des moralischen Wertens" wecken.

Der Pädagoge Andreas Gruschka sagt: „Es kommt nicht mehr Saft aus einer Zitrone, wenn man mehr presst." Gruschka selbst ist zweimal sitzen geblieben und trotzdem Professor geworden. An der Goethe-Universität in Frankfurt am Main erforscht er, wie Lehrer unterrichten und wie Kinder lernen. Er meint: Ihr paukt zwar viel, aber Ihr habt nicht viel davon. Euch fehlt die Zeit, wirklich zu kapieren, was die Lehrer Euch erzählen. Und Euch fehlt die Zeit, darüber eine eigene Meinung zu bilden. Im bayerischen Lehrplan für Geschichte beispielsweise kommt die „Weimarer Republik" (das ist ein Begriff für Deutschland vor der Nazi-Zeit) fast nur noch als Chaos-Veranstaltung vor. Für das Ringen um die erste landesweite Demokratie, für die Positionen der einzelnen Parteien, für die blühende Kultur damals bleibt kaum noch Zeit. Und damit auch nicht für Diskussionen. Dabei soll Wissen doch genau das sein: Werkzeug zur Willensbildung. Damit Demokratie funktioniert. Professor Gruschka sagt, dass es darum heute nicht mehr geht. Er findet: „Die Kinder heute lernen Organisation und Präsentation." Tagesziele schon im Kindergarten, Wochenpläne in der Schule, dazu andauernde Selbstbewertung – der Professor hält das alles für eine Vorbereitung auf ein kritikloses Büroleben, in dem der Chef in der Tür steht und sagt: „Frau Müller, stellen Sie mir bis Freitag bitte alles über die indischen Märkte zusammen!"

Vor einiger Zeit hat der Bildungsminister in unserem Bundesland alle Gymnasien abstimmen lassen, ob sie das neunte Schuljahr zurückhaben wollen. Die Lehrer Deiner Schule haben sich dagegen entschieden. Einstimmig, sagt der Schulleiter. Ich kann mir vorstellen, dass viele aus Stolz auf ihre eigenen Ideen so entschieden haben, auf Science und Stunden zum Ausatmen. Manche auch aus Erschöpfung nach all den Konferenzen. Andere, weil sie finden, dass zu viele Rollen rückwärts schwindlig machen. Und einige aus Respekt vor dem Direktor.

Ich sage Dir, warum das so ist: Weil wir Erwachsenen die wahren Streber sind. Weil wir zu feige sind, richtig wütend, richtig sperrig, richtig aufmüpfig zu sein.

Wochenlang habe ich versucht, mit der Schulpsychologin unseres Landkreises zu reden. Aber sie hat mir in kurzen Mails geantwortet, für ein ausführliches Gespräch habe sie keine Zeit – und für ein kurzes Telefonat sei das Thema zu wichtig. Auch das meine ich mit Feigheit.

Du weißt so gut wie ich, Sophie: Es gibt Tage, die alles widerlegen, was ich hier schreibe. Tage ohne Hausaufgaben, Tage voller Langeweile, Tage voller Freistunden. Wenn einer Deiner Lehrer krank ist und der Schulleiter in seinem kleingesparten Kollegium keinen Vertreter findet, werden aus Tagen sogar Wochen. Uns Eltern macht das nervös. Wir schreiben Mails an den Direktor, damit Ihr „nicht den Anschluss verliert". Sind Eure Parallelklassen nicht schon viel weiter?

Genau deshalb ist mein Brief an Dich genau genommen auch ein Brief an mich. Dieses Buch ist ein Vertrag, den ich mit mir selbst schließe. Jeder Satz verpflichtet mich, künftig nicht mehr gegen ihn zu verstoßen. Was mir nicht gelingen wird, ihm aber nicht seine Gültigkeit nimmt.

Vielleicht müsste ich Dir selbst auch ein bisschen mehr Unvernunft vorleben. Seit ich Dir schreibe, denke ich zum Beispiel darüber nach, mit dem Rauchen anzufangen. Mich abends mit einer Zigarette in den Garten zu setzen, Qualmringe (kennst Du die?) in den Himmel zu blasen und auf diese wirklich fahrlässige Art und Weise Zeit – vielleicht sogar Lebenszeit! – zu verschwenden.

Stattdessen siehst Du mich jetzt für einen Marathon trainieren.

Das wäre nicht weiter interessant, wenn ich damit allein wäre. Aber beim Laufen begegne ich meinem joggenden Hals-Nasen-Ohren-Arzt, Deiner joggenden Kommunionslehrerin und Deinem joggenden Englischlehrer. Andauernd treffe ich trabende Mütter und rennende Väter, die ich von Elternabenden kenne. Mir kommt es so vor, als sei an Wochenenden die ganze Mittelschicht, von deren Ängsten ich Dir erzählt habe, auf den Beinen. Mit Pulsuhren, Trainingsplänen und Energydrinks arbeitet die gymnasiale Hälfte der Gesellschaft an ihrer Wettkampfhärte und pausenloser Selbstoptimierung.

Natürlich ist Laufen besser als Rauchen. So wie Lernen besser als Schwänzen ist und Fleiß besser als Faulheit. Aber gibt es ein besseres Beispiel für den Sieg der Zielstrebigkeit über den Müßiggang, wenn wir sogar Entspannung in der Anstrengung suchen und nicht im Ausruhen? Auf meinen Runden durch die Wälder begegne ich mehr Läufern als Spaziergängern. Selbst Rentner flanieren nicht mehr, sondern walken mit Stöcken durchs Gehölz. Die Marathon-Veranstalter melden Jahr für Jahr neue Teilnahmerekorde. Eine Disziplin für Extremisten wird Massensport. Das sagt genauso viel über eine Gesellschaft wie die Zahl ihrer Worte für Schnee oder ihre Arten von Angst.

Was Dein Urgroßvater Paul wohl denken würde, wenn er vom Gestern ins Heute geschleudert würde? Würde er beim Schlendern im Schlosspark staunen, dass die einzigen, die sich nicht bewegen, die Statuen sind? Würde er uns Läufer bedauern oder bewundern? Würde er glauben, wir laufen freudig auf etwas zu oder gehetzt vor etwas weg? Und würde er es wagen, sich auf eine Bank zu setzen? Das fällt ja selbst mir als Geisel meiner Zeit auf: Die meisten Menschen, die wir heute beim Nichtstun sehen, wirken wie Verlierer auf uns. Wer eine Stunde im Park verweilt, gerät schnell unter Penner-Verdacht. Wer vor unseren Augen ein Schläfchen hält, ob auf der Parkbank oder im Zug, wird leicht zur lächerlichen Figur. Eine Horde Mädchen, die einfach miteinander rumhängt, gilt fast schon als verwahrlost.

In der Zeitung, für die ich arbeite, hat ein Kollege vor einiger Zeit geschrieben, er finde Beschleunigung gut, die verkürzte Schulzeit jedenfalls, denn es sei noch „Luft im System". Schon möglich. Aber ist Luft schlecht? Ist sie nicht zum Atmen da? Und lernt, wer atmen darf, nicht sogar mehr? Oder jedenfalls lieber?

Das Gerede von der „Luft im System" ist gefährlich. Man kann so lange sagen, es sei „Luft im System", bis keine mehr da ist. Wer sagt, es sei noch „Luft im System", unterwirft Euer Leben endgültig den Regeln der Wirtschaft. Die Gesetze des Wettbewerbs sind nicht durchweg schlecht, sie haben ihre Logik, und man kann sie nicht ignorieren. Aber wer hat uns eingeredet, dass sie allein zu gelten haben? Dass nur ein effektives Leben ein sinnvolles Leben ist? Wenn ich sehe, wie Manager auf Flughäfen und in ICE-Abteilen ihre iPhones und BlackBerrys anstarren, auf eingehende Mails so angewiesen wie Junkies auf Rauschgift, und wenn ich höre, wie sie endlos von „Quartalszahlen", „Jahresabschlüssen" und der „Marktforschung" faseln, wie sie von Hamburg nach München fahren, von Düsseldorf nach Berlin, ohne dabei auch nur einen einzigen eigenen Gedanken zu äußern – dann glaube ich, wir sollten uns kein Beispiel an ihnen nehmen.

Es wäre schön, wenn Ihr später nicht nur Material zusammenstellen könntet, sondern Euch auch eine Meinung dazu bilden. Es wäre gut, wenn Ihr nicht nur Zahlen lesen könntet, sondern auch die Menschen hinter den Zahlen erkennen würdet. Wenn Bildung hieße: mit Wissen vernünftig umgehen.

Doch wir begradigen Eure Lebensläufe wie die Flüsse. Wo wir noch mäandern konnten, uns treiben ließen, rauscht Ihr geradeaus durch. Es wäre schade, wenn dabei alles an Euch glatt geschliffen würde, wenn von Eurer Persönlichkeit nicht mehr viel übrig bliebe. Das hört sich fies an, Sophie, aber: Ich habe nicht nur Mitleid mit Euch als Kindern. Ich habe auch ein kleines bisschen Angst vor einigen von Euch als Erwachsenen.

Kirsten Boie hat bei unserem Treffen gesagt: „Ich weiß nicht: Was wird aus diesen wunderbaren, sensiblen, einfühlsamen Kleinen, wenn das so weitergeht?" Deshalb findet sie ihr *Mittwochs*-Buch auch immer noch wichtig. Weil sie, wenn sie sich über Fabia Gedanken macht, doch Bruno nicht vergisst! Fabia, sagt Boie, steht nämlich für die „Kinder, die später mal die Geschicke dieser Gesellschaft bestimmen werden. Die Verantwortung für ihre Mitmenschen tragen werden. Wenn ich mir über die Gedanken mache, halte ich das nicht für sinnlos."

Wenn Du Abitur machst, wirst Du 17 sein. Mit 17 lassen wir Euch nicht alleine Auto fahren und keine Mietverträge unterschreiben. Wenn Du Pech hast, musst Du Dich für ein Leben als Lehrerin, als Mathematikerin, als Managerin entscheiden, bevor Du überhaupt weißt, was Du kannst, was Du willst, wer Du bist. Falls Du dann ein eiliges Bachelorstudium durchhastest, wirst Du mit 20 die Universität verlassen. Worauf haben wir uns da nur eingelassen? Wollen wir, dass unsere Enkel von 21-jährigen Lehrern unterrichtet werden, die kaum mehr von der Welt gesehen haben als Legehennen? Wollen wir uns von 22-jährigen Bankern mit Geradeausbiografien beraten lassen? Uns von 23-jährigen Unternehmensberatern begutachten lassen? Und wollen wir riskieren, dass Ihr Euch schon als 30-Jährige in Euren Berufen so langweilt, wie Ihr es als Kinder nicht durftet?

Viele Wissenschaftler glauben, dass Ihr Kinder von heute einmal 100 Jahre alt werdet. Warum die ganze Eile?

Wenn ich einmal in Rente gehe, Sophie, werden wir Neu-Rentner doppelt so viele sein wie Ihr Neu-Ankömmlinge auf dem Arbeitsmarkt. Vielleicht ist meine Rechnung zu einfach, aber ich denke: Ihr werdet Euch nicht um Arbeitsplätze prügeln müssen. Ihr werdet viel mehr Macht und Möglichkeiten haben, als wir Euch heute glauben lassen. Ihr Wenigen werdet mehr gefragt sein. Als Arbeitskräfte. Als Kunden. Als Wähler. Als Eltern neuer Kinder. Als kreative Köpfe, die auf Ideen kommen für ein Land, in dem es mal ziemlich eng war und dann sehr viel Platz sein wird.

Wenn es uns Erwachsenen wirklich um Euch ginge und nicht um uns, würden wir Euch anders darauf vorbereiten. Weil Ihr als Wenige künftig mehr bewegen werdet, wenn Ihr jetzt ein Mit- anstatt ein Gegeneinander lernt.

Ihr Kinder habt so ein großes Herz. Lasst Euch das nicht nehmen.

Ganz wichtig: Ihr seid mehr als die Summe Eurer Leistungen!

Wenn Dich Deine Lehrer, unsere Nachbarn oder die Eltern Deiner Freundinnen jetzt fragen sollten, warum Dein Vater so aufgebracht ist, dann denk immer daran: Es liegt nicht an Dir, das hast Du hoffentlich verstanden. Ich bin zornig, weil wir Eure Kinderzimmer zu Büros gemacht haben, Eure Schreibtische zu Werkbänken, Eure Köpfe zu Lagerhallen.

Als ich einige dieser Gedanken schon einmal als Artikel aufgeschrieben habe, gab es viel Zuspruch – und viel Protest. Einige Menschen fragten: „Wieso schicken Sie Ihr überfordertes Kind auch aufs Gymnasium?" Die haben nichts kapiert, Sophie! Deine Zensuren sind sehr gut. (Deine Zeugnisse sind viel besser, als meine es früher waren.) Aber darum geht es eben nicht allein. Es geht um den Preis, den Ihr Kinder dafür zahlt. Wir machen es Euch einfach unnötig schwer. Wenn jetzt mehr Schüler Nachhilfe brauchen, dann nicht, weil die Kinder blöd sind, sondern die Bedingungen. Wenn wir andauernd von „Bildungsgerechtigkeit" und „Chancengleichheit" quatschen, in Wahrheit aber mehr

Verlierer und mehr Verunsicherte produzieren, dann sind wir Erwachsenen Heuchler.

Ich bin auch so ein Heuchler, ein Sortierer und Gegenwartsschrumpfer. Ich bewundere die Finnen für ihre Schulen, in denen die Kinder viel länger gemeinsam lernen (und viel mehr von ihnen später auch studieren dürfen). Und ich könnte Dich ja auch bei uns auf eine Gemeinschaftsschule schicken, auf eine Gesamtschule, wo Ihr Kinder nicht so schnell in „stark" und „schwach" getrennt werdet – aber dazu kann ich mich nicht durchringen. Weil ich finde, dass ein einzelnes Kind mit seinem einzelnen Schulleben die Welt nicht retten kann, solange die deutschen Schulen nicht wie die finnischen funktionieren. Weil ich auch Dein Klassenzimmer streiche, wenn es total heruntergekommen ist, obwohl ich so das Land aus seiner Pflicht dazu befreie. Weil es mir, wie allen Eltern, zuerst ums eigene Kind geht.

Und, ja: Auch wenn ich Dir in diesem Brief schreibe, *nicht* alles solle einem Zweck folgen, auf ein Ziel hin ausgerichtet sein, tue ich das irgendwie mit dem Hintergedanken, dass mein Aufruf zur Zwecklosigkeit einem Zweck dienen könnte: Dir zu helfen, Dich zu behaupten und das zu finden und zu leben, was Du für richtig hältst.

Damit, liebe Sophie, ist der Punkt erreicht, an dem ich Dir mit meinem Brief am meisten zumute: womöglich in einen Meinungsstreit zwischen Erwachsenen zu geraten, und das ungefragt. Du hast in den ersten zwölf Jahren Deines Lebens gelernt, möglichst viel richtig zu machen, zu genügen, zu gefallen, zu gehorchen, Lob statt Meckerei zu hören. Deshalb wirst Du jetzt sicherlich staunen – aber ich wäre enttäuscht, wenn die Leser dieses Briefes denken: „Recht hat er." Sie sollen besser sauer sein. Sauer auf mich, vor allem aber sauer auf sich selbst. Weil sie sich in mir und ihre Kinder in Dir wiederfinden. Weil sie sich entlarvt fühlen, das aber nicht zugeben können.

Wenn sie Dich also fragen: „Warum schreibt Dein Vater Dir solch einen Mist?", fühlt sich das mies an, kann aber ein gutes Zeichen sein.

Wenn sie Dir sagen, in ihrer Kindheit oder in Ostdeutschland habe die Schule nie länger als zwölf Jahre gedauert, dann frag sie: Was war daran besser?

Wenn sie Dir sagen, es ist doch nur das eine Jahr, dann antworte ihnen, es geht um Millionen beschleunigter Leben an Vormittagen, Nachmittagen und an Wochenenden.

Und wenn sie Dich fragen: „Acht oder neun Jahre, ist das nicht einerlei?", dann sag ihnen: Was wäre los, wenn Lokführer oder Fluglotsen plötzlich 15 Prozent mehr arbeiten müssten? Dieses Land stünde still, über Wochen. Die *Tagesschau* würde Abend für Abend mit Streikmeldungen beginnen. Es gäbe Demonstrationen, auf denen wütende Männer rote Fahnen schwenkten. Es gäbe aufgeregte Talkrunden im Fernsehen, in denen Erwachsene „Ausbeutung" und „Raubtierkapitalismus" brüllten.

Natürlich frage ich mich: Ist eine Sache nicht nur dann schlimm, wenn Du sie selbst schlimm findest? Habe ich Dich mit diesem Brief zum Faulenzen aufgefordert, Dir Ausreden und Ausflüchte in den Mund gelegt? Habe ich Dich verwirrt? Dir überflüssige Sorgen gemacht?

Es wird Leute geben, die sagen werden: All das darf man seinem Kind nicht aufladen. Oft denke ich: Das stimmt. Und dann wieder: Ihr Kinder sollt wie Erwachsene lernen und leben, aber dumm gehalten werden wie Neugeborene? Hey, *babies are born to learn!* Und das hier ist echt mal wissenswert!

Und doch wünsche ich mir, dass Du diesen Brief inzwischen beiseite geschoben hast und längst draußen Waveboard fährst oder auf Skype unterwegs bist oder mit

Musikbegleitung tagträumst, weil Du dieses Buch hier öde findest und sowieso Quatsch ist, was von Eltern kommt. Oder dass Du nicht mehr zwölf bist, wenn Du meinen Brief liest, sondern fünfzehn oder sechzehn und es Dir längst gelungen ist, unsere Deutungshoheit über Dein Leben zu brechen, Dir Abstand zu verschaffen von uns Erwachsenen und unseren Ängsten, unserer Eile, unserer Gier und sogar von unserer Liebe.

Ja, wer weiß! Vielleicht bist Du sogar gerade dabei, mit Deinen Altersgenossen einen Aufstand anzuzetteln, einen Aufstand in eigener Sache, ganz ähnlich oder ganz anders als die Aufstände meiner Generation und der davor. Vielleicht kämpft Ihr für mehr Zukunftslust. Oder für neue Bahnhöfe im ganzen Land. Oder für elternfreie Zonen. Oder für ein Verbot von Kinderortungsgeräten. Oder für eine Therapie für jeden Deutschen über vierzig. Oder für ein staatlich bezahltes Sabbatjahr von dem ganzen eingesparten Geld.

Oder auch *gegen* die Ansichten, die ich Dir mit diesem Brief aufgedrängt habe. Denn vielleicht wirst Du das, was ich schlecht finde, einmal gut finden.

Aber Du sollst ruhig wissen, dass man auch mittwochs ins Schwimmbad gehen kann.

Du sollst wissen, warum ich mit Dir an manchen Tagen bis in den Abend über Hausaufgaben brüte, Dich für Klassenarbeiten drille und an Referaten mitschreibe – und mir an anderen Tagen auf die Zunge beiße, statt nach Schulsachen zu fragen.

Du sollst wissen, dass die Kindheit mehr sein sollte als ein Trainingslager fürs Berufsleben.

Du sollst wissen: Das Leben passiert jetzt! In diesem Augenblick will es gelebt werden.

Du sollst wissen: Wenn Du all Deine Wünsche ins Morgen verschiebst, erfüllst Du im Heute nur die Bedürfnisse von irgendjemand anderem.

Du sollst wissen, dass Du mehr bist als die Summe deiner Leistungen.

Du sollst wissen, dass die Gesellschaft an denen wächst, die sie infrage stellen.

Du sollst wissen: Wenn Du etwas zu fürchten hast, dann nur die verdammte Angst von uns Erwachsenen.

Du sollst wissen, dass das Leben die tollsten Überraschungen bereithält, auf die kein Mensch hinlernen kann.

Du sollst wissen: Das Glück läuft weg, wenn Du ihm nachjagst. Besser gehst Du ihm entgegen.

Du sollst wissen, die Welt ist wie für Dich gemacht.

Und auch, wenn das noch eine elterliche Einmischung in Dein Leben ist: Du sollst wissen, dass ich Dir wenigstens dieses eine gestohlene Schuljahr zurückgeben möchte. An jedem Tag, an jedem Wochenende – und nach dem Abitur. Am besten kein Auslandsstudium. Kein Sommerseminar. Sondern einfach eine Reise ohne Weg und ohne Ziel. Denn wenn Du Deine Seele bis dahin nicht in einem Klassenzimmer gefunden hast, wirst Du sie auch in einem Hörsaal nicht finden. Aber vielleicht tief in einem russischen Wald, mitten in einem äthiopischen Dorf oder auch in einer mecklenburgischen Regionalbahn. Irgendwo, irgendwann, wenn Du es nicht erwartest.

Und ich hoffe, dass Du mich dann, wenn es losgehen soll, nicht mitleidig anschaust und sagst: „Das ist doch reine Zeitverschwendung."

Dein Papa

P.S.: Und jetzt packen wir die Badesachen ein!?

Lieber Papa,

vor nun fast zehn Jahren schriebst Du mir einen Brief.
Einen Brief voller Sorge und Angst, die unter anderem auf
dem Schulsystem G8 aufbauten und mit der Befürchtung
endeten, meine Mitschüler und ich würden zu Strebern.
Streber, die nur geradeaus schauen auf den schon angeleg-
ten Weg. Streber, die nicht wahrnehmen oder wahrnehmen
wollen, dass es auch Trampelpfade oder sogar unentdeckte
Wege gibt.

Streber, deren Kindheit geraubt wurde. Die dadurch möglicherweise nicht zu den Persönlichkeiten werden können,
die wir eigentlich sind beziehungsweise sein könnten.

Dir auf Deinen Brief zu antworten, kann nicht einfach
werden. Es ist eine Sache, Deine Zeilen zu lesen und sofort
in Gedanken darauf zu antworten, doch diese dann zu ordnen und niederzuschreiben ist eine ganz andere. Jetzt weiß
ich, wie es sich damals für Dich angefühlt haben muss.

Ich werde mit etwas Aktuellem beginnen, mit dem
Thema Umwelt und Klimawandel als Beispiel, welches

uns junge Menschen zuletzt sehr bewegte, uns noch immer bewegt und uns weiterhin bewegen wird, wenn die Corona-pandemie vorbei ist.

Was Dich daran vermutlich sehr freut: Die Fridays-for-Future-Bewegung zeigt deutlich, dass wir den Mumm haben, auf die Straße zu gehen. Dass wir uns dafür einsetzen, woran wir glauben, und damit gegen etwas, was eure Generation verschlafen oder anders gesehen hat. Die weltweite Bewegung erfüllt Deinen Wunsch, dass wir nicht immer auf unsere Eltern hören, dass wir mal etwas ganz anders machen und von der uns vorgegeben Gerade abkommen, die Du so oft beschreibst. Die Bewegung ist ein Beispiel dafür, dass wir in der Lage sind, unser Wissen auch einzusetzen. Wir sind in der Lage, uns einen eigenen Weg zu zeichnen.

Was mich an der Gesamtsituation ärgert und verwirrt: die Reaktionen vieler Erwachsener. Die Jugendlichen seien nicht ernst zu nehmen. Wir sollten das Thema den Experten überlassen. Wir hätten doch keine Ahnung. Und gleichzeitig wollen sie uns schon im Kindergarten zu kleinen Erwachsenen formen, mit den Bewertungsbögen, die Du schilderst (und mich im Übrigen extrem schockiert haben). Daraus ergeben sich mir folgende Fragen an eben jene Erwachsene: Nehmt ihr uns ernst oder nicht? Sollen wir streiken oder nicht? Sollen wir schnell erwachsen werden oder eben nicht?

Es scheint, als würden wir in Widersprüchen der Vergangenheit leben und müssten nun selbst einen Weg herausfinden. Aus den Ängsten, die wir uns nie ausgesucht und nun trotzdem zum Großteil übernommen haben, wie ich befürchte.

Eine dieser Ängste, die Du beschreibst, ist die Angst des Versagens. Daraus entsteht das Streben nach Erfolg. Du hast mir gesagt, ich solle mich möglichst lange von diesem Menschenbild fernhalten, „das ein Leben nur für gelungen hält, wenn jede Minute genutzt ist, (...) oder wenn alles sinnvoll ist (...) und jeder immer ‚das Optimum aus sich herausholt‘“. Nun frage ich mich, was dieses Optimum denn sein soll. Was bedeutet sinnvoll? Wann ist eine Minute genutzt? In unserer Gesellschaft, so wie Du sie beschreibst, die, vor der Du mich beschützen möchtest, wäre das wohl so etwas wie Vokabeln pauken (und sich diese vor allem merken), Geige spielen und in allem perfekt und erfolgreich sein. Zeichnen oder Malen ist dann sinnvoll, wenn das Ergebnis am Ende auch von Picasso, Rembrandt oder einem Fotografen sein könnte. Das ist es, was wir unter optimal verstehen. Dabei hat doch jeder ein anderes Optimum. Jeder findet etwas anderes sinnvoll. Und für jeden wird Glück, Zufriedenheit und Freude anders definiert. Nämlich im Herzen, niemals im Kopf.

Du schreibst von Bewertungsbögen im Kindergarten, Stramplern mit der Aufschrift „Abi 2030" und der Firma BabyPlus mit ihrem Slogan „Babies are born to learn". Bei diesen Passagen fiel mir jedes Mal fast die Kinnlade herunter, ich konnte es kaum glauben. Mag ja alles lieb und nett gemeint sein, aber es ist auch extrem provokant. Es setzt unter Druck. Nicht nur die Kinder, sondern auch die Eltern. Und damit vergrößert sich die Angst. Sie wächst und wächst, sie wird für Werbung genutzt, anstatt die Werbung zur Beruhigung zu nutzen. Schließlich ist dafür ja schon der Tee da, den Du bei uns gefunden hast, nicht wahr, Papa? Der Grüntee gegen Stress, der Kräutertee zum Träumen oder zur Entspannung.

Wenn Du also von dieser Werbung schreibst, reagiert mein Kopf meistens mit „Ih". Aber wenn Du danach schreibst, Du hättest gedacht, Babys würden „geboren um zu leben", dann fängt eine Stimme in meinem Kopf an zu singen.

Mama und Du habt mir Gott sei Dank nie Strampler angezogen, die verrieten, dass mein Abitur fürs Jahr 2018 geplant war. Oder gar, dass ich — wenn alles nach dem sogenannten „Optimum" verliefe – 2021 ein Studium abschließen würde.

Damit hättet ihr außerdem falsch gelegen. Nach meinem Abitur (tatsächlich 2018) legte ich ein Gap Year ein und kümmerte mich um Schul- und Kindergartenkinder in Mittelamerika. So etwas machen viele in meinem Alter, unter anderem deshalb, weil nur so wenige von uns wissen, was sie machen wollen. Was sie studieren wollen, was sie lernen wollen oder gar was sie beruflich machen wollen. Und auch viele derjenigen, die es nach dem Abi wissen, legen erst mal eine Pause ein. In dieser Zeit wird gereist, gearbeitet, es werden Praktika gemacht und Freiwilligendienste im In- und Ausland absolviert. Einige ändern noch mal ihre Pläne, andere finden dadurch ihren Weg. Und vielleicht auch sich selbst. Etwas, was sie in den vorigen zwölf Jahren nicht geschafft hatten.

Als ich zwölf war, hast Du Dir gewünscht, dass ich genau das tue. Mir ein Jahr nach der beschleunigten Schulzeit zu nehmen und irgendetwas zu tun, was nichts oder nur wenig mit meinem Leben davor und möglicherweise auch mit dem danach zu tun haben würde. Du hast einen Vertrag mit Dir selbst geschlossen. Und Du hast ihn eingehalten. Ich bin froh, dass ich da mitgemacht habe. Dass ich nicht gesagt habe, dass das doch Zeitverschwendung sei. Stattdessen war ich voller freudiger Erwartung und wollte genau das, was Du mir immer gewünscht hast.

Zweifel bekam ich dann, als ich nach meinem Auslandsaufenthalt immer noch nicht wusste, was ich machen möchte. Ein zweites Jahr wollte ich aber nicht machen, das kam mir dann doch zu lang vor. Das Wort „Zeitverschwendung" nahm ich nie in dem Mund, jetzt befürchte ich aber, dass ich das irgendwie wohl gedacht haben muss. Und dass ich Angst hatte, zu langsam zu sein. Den Anschluss zu verlieren. Im Gegensatz zu mir hättest Du nichts gegen ein zweites Gap Year gehabt, das war ich. Höchstens anderthalb, das hätte ich gemacht.

Also versuchten wir gemeinsam herauszufinden, welches Studium zu mir passen würde. Wir googelten uns also durch Unis und Fachhochschulen, Studiengänge und Städte. Du hattest präzise Fragen und wolltest darauf genauso präzise Antworten, die ich leider nie für Dich hatte. Ich glaube, da warst Du genauso Gefangener Deiner Generation, wie ich Gefangene meiner war. Du wolltest die Zukunft planen, aus Angst, ich könne später ohne oder mit einem schlechten Job dastehen. Oder mit einem, der mir nicht gefallen und mich dazu bringen würde, noch einmal die Richtung zu ändern. Und ich wusste einfach nicht, was ich wollte.

Mittlerweile gibt es einen Plan. Und entgegen aller Erwartungen führt mich dieser nicht an irgendeine Uni in Berlin, Dresden oder Marburg, sondern in ein kleines Unternehmen in der Innenstadt von Hamburg und an eine Berufsschule im Stadtteil Farmsen. Dass ich mal eine Ausbildung machen würde, statt zu studieren, hätte ich vorher nie gedacht. Schließlich hieß Gymnasium immer irgendwie Studium. Schließlich kann man eine Ausbildung auch ohne Abitur machen. Im Moment scheint diese aber viel passender für mich zu sein. Und studieren nur des Studierens wegen scheint mir nicht sinnvoll. Auch wenn es vielleicht „das Optimum" wäre. Aber eben nur in den Augen der Gesellschaft, nicht für mich.

Ich möchte zwar nicht behaupten, ich sei bereits erwachsen (denn so fühle ich mich garantiert nicht!), aber auch ich habe Kindheitserinnerungen, auf die ich zurückblicken kann. Du warst Fußballgott Karl-Heinz Rummenigge und Tenniskönig Boris Becker. Ich war abwechselnd Elfe und Pippi Langstrumpf. Du hattest Angst, ich würde so werden wie Annika, die ängstlich ist und wenig Lust auf Abenteuer hat. Rückblickend wollte ich aber eben immer sein wie Pippi oder wie Maria von den Vorstadtkrokodilen. Jemand, die anderen auch mal die Stirn bieten kann und sich nicht so leicht unterkriegen lässt. Hinter unserer Siedlung habe ich oft auf den Feldern gespielt, bin mit dem Fahrrad durch

Raps gefahren, habe mit Deiner Hilfe eine Schaukel für mich und meine Freundin in der hintersten Ecke aufgehängt – was Du natürlich sofort wieder vergessen musstest, damit der Ort auch geheim blieb – und Hütten aus Ästen, Zweigen und Blumen gebaut, die sogar den stärksten Regen abgehalten haben. Ich bin über Bäche gesprungen und im Winter darauf Schlittschuh ohne Schlittschuhe gefahren, bin durch Rohre geklettert und durch große Wälder gestromert, die eigentlich gar nicht so groß und unbekannt waren wie in meinen Fantasien.

Ihr habt mich nie daran gehindert. Ich durfte alleine spielen. Ohne eure durchgehende Aufsicht. Ich habe also nie eine dieser Hundeleinen angelegt bekommen, die es den Eltern ermöglicht, mit ihren angeleinten Kindern Gassi zu gehen. Meine Grenze war die Dunkelheit, der Zeitpunkt, an dem die Straßenlaternen angingen. Das war mein Zeichen, wieder zurück nach Hause zu kommen.

Aus Deinem Brief lese ich eine weitere Form der Angst: Die Angst, dieselben „Fehler" mit mir zu machen, die Du in der Gesellschaft gefunden hast, die Dir so gar nicht gefallen. Du hattest Angst, mir zu viel Stress zu machen. Mir das Gefühl zu geben, immer perfekt sein zu müssen. Du hattest Angst, ich würde denken, es würde nur einen richtigen Weg für mich geben.

Ich kann Dich beruhigen.

Du und Mama, ihr habt so viel richtig gemacht.

Ich wollte nie während der Schulzeit ins Ausland. Erst nach dem Abi, habe ich immer gesagt, das reicht doch. Dann gingen meine Cousinen nach Neuseeland und Australien – und fanden es wunderschön. Ich fing an, mit dem Gedanken zu spielen, es ihnen nachzutun. Mama und Du habt das gemerkt und direkt die Möglichkeit ergriffen. Ihr wolltet mich nicht wegschicken, ihr wolltet mir nur die Chance geben, mal etwas anderes zu erleben. Mit anderen Leuten in einer anderen Umgebung. So kam es dazu, dass ich doch ins Ausland ging. Was für ein Privileg! Fünf Monate in Australien, in der zehnten Klasse. Für andere mag das heißen: Fünf Monate verpasster Schulstoff. Und das ausgerechnet im ersten Jahr der Oberstufe.

Aber darüber habt ihr euch keine Sorgen gemacht. Für euch war die Möglichkeit wichtiger, dass ich mich dort auf ganz andere Weise entfalte, als ich es hier in Deutschland in gewohnter Umgebung mit denselben Leuten, die ich schon seit fünf Jahren kannte, hätte tun können. Es wäre für euch auch okay gewesen, wenn ich ein Jahr weggegangen wäre und dafür ein Schuljahr hätte wiederholen müssen. Etwas,

was heutzutage so schnell mit Schwäche gleichgesetzt wird. Mit Langsamkeit, Faulheit und Versagen.

Ich war diejenige, die das nicht wollte. Diejenige, die sagte, sie wolle nicht sitzen bleiben, sondern wie geplant im Jahr 2018 ihr Abitur machen.

Dadurch dass Du, Papa, Dich so viel mit der Kindheit, der Erziehung und unserer Zukunft in der Gesellschaft beschäftigt hast, war mir wohl irgendwie immer klar, dass ich auch mal versagen kann. Du hast mir gesagt, es sei nicht schlimm, wenn ich eine Arbeit mal so richtig verhaue. Schließlich kann nicht immer alles perfekt laufen und es funktioniert eben nicht jeder auf die gleiche Weise. Ich glaube, dass ich mir meistens selber den Druck gemacht habe. Ich wollte um keinen Preis versagen, und ich denke, das ist immer noch so. Für euch wären Misserfolge auch mal in Ordnung gewesen. Natürlich wolltet ihr, dass ich es gut und ohne große Probleme in der Schule schaffe, aber es war nie euer Ziel, mich zur Tochter mit ausschließlich perfekten Noten zu machen. Ihr habt euch nicht aufgeregt, als ich in der fünften Klasse einmal eine Sechs in einem Biologietest geschrieben habe, aber ihr habt euch auch jedes Mal gefreut, wenn ich eine Eins nach Hause gebracht habe.

Nach acht Jahren extrem strukturiertem Alltag wurden wir als Abiturienten in eine Welt entlassen, die uns vorher fremd war. Wir haben auf einmal so viel von dem, was wir vorher nicht hatten: Zeit. Zeit für Freunde, Zeit für uns. Und – wohl am wichtigsten – Zeit zum Nichtstun.

Während meiner Schulzeit habe ich natürlich auch gefaulenzt. Allerdings immer mit schlechtem Gewissen: Es kann doch nicht sein, dass ich nichts zu tun habe? Ist ein halber Tag nur auf dem Sofa, im Sessel oder mit einem Buch nicht verschwendet? Sollte ich nicht nach draußen gehen? Mich bewegen? Kreativ werden? Irgendetwas tun?

Und dann haben Du oder Mama oft gesagt: „So ein bisschen Nichtstun, das ist doch auch mal schön, nicht wahr?" Oder: „Dafür sind freie Tage doch da."

Dir war es immer sehr wichtig, mir das Leben in der Gegenwart zu ermöglichen, statt mich in die Zukunft zu treiben und mir die Angst beizubringen, die Deine Generation zu haben scheint. Du schreibst, dass es heutzutage mit der Globalisierung sowieso viel zu wenig Gegenwart gibt, beziehungsweise, dass diese schrumpft. Die Gegenwart ist tatsächlich kaum existent, sie ist der Bruchteil einer Sekunde, den der Mensch gar nicht wahrnehmen kann.

Aber es gibt sehr wohl Momente der Gegenwart, die wir auch sehr bewusst erleben können.

Und diese sind eben nicht, wenn wir den ganzen Nachmittag über Hausaufgaben sitzen oder ständige Updates und Reminder unsere Handys und Laptops klingeln lassen. Gegenwart findet dann statt, wenn wir mit unserer Familie und Freunden um ein Lagerfeuer sitzen und über belanglose Dinge reden, lachen und vielleicht Musik hören. Wenn wir unterm Sternenhimmel liegen und nichts tun, außer das helle Flackern der Sterne zu beobachten. Wenn wir eine Paddeltour auf dem Fluss machen und nichts hören außer zwitschernden Vögeln und den Zügen unserer Paddel im Wasser.

Gegenwart ist, wenn unsere Gedanken frei sind und nichts zählt außer dem Ort, an dem man sich befindet, dem Moment, den man gerade erlebt und den Menschen, die mit einem sind.

Das ist Gegenwart.

Übrigens gehe ich jetzt auch unter der Woche schwimmen. Ich treffe mich abends zum Basketballspielen an den öffentlichen Basketballkörben unserer Kleinstadt. Oder ich mache einfach nichts. Manchmal sogar ohne schlechtes Gewissen.

Und egal wie meine Zukunft aussehen wird, ich weiß, dass ich Deine und Mamas Unterstützung haben werde. Und dafür bin ich euch unendlich dankbar.

Deine Sophie

P. S.: Und jetzt packen wir die Badesachen ein.